电气化铁路隔离开关

王延良　卢华德　赵灵龙　主编

中 国 铁 道 出 版 社

2018年·北 京

内 容 简 介

本书由电气化铁路常识、隔离开关基础知识、隔离开关操作、隔离开关巡检维护与应急处理、隔离开关故障及事故案例、理论试题与答案、实作考评及附录等部分组成。

全书深入浅出地介绍了隔离开关的相关知识，可作为隔离开关操作人员的培训与学习用书，也可作为铁路有关技术工程人员与管理人员的参考读物。

图书在版编目(CIP)数据

电气化铁路隔离开关/王延良，卢华德，赵灵龙主编. —北京：中国铁道出版社，2018.1

ISBN 978-7-113-20556-0

Ⅰ.①电… Ⅱ.①王… ②卢… ③赵… Ⅲ.①电气化铁道-隔离开关 Ⅳ.①U22

中国版本图书馆 CIP 数据核字(2015)第 133266 号

书　　名：电气化铁路隔离开关
作　　者：王延良　卢华德　赵灵龙　主编

策　　划：武亚雯
责任编辑：孙　楠　　**编辑部电话：**010-51873421　　**电子信箱：**tdpress@126.com
封面设计：王镜夷
责任校对：苗　丹
责任印制：高春晓

出版发行：中国铁道出版社(100054，北京市西城区右安门西街 8 号)
网　　址：http://www.tdpress.com
印　　刷：中国铁道出版社印刷厂
版　　次：2018 年 1 月第 1 版　2018 年 1 月第 1 次印刷
开　　本：880 mm×1 230 mm　1/32　印张：4.5　字数：105 千
书　　号：ISBN 978-7-113-20556-0
定　　价：18.00 元

前　言

随着近年来电气化铁路、尤其是高速铁路的快速发展，高压电气设备在铁路中的应用也越来越多，隔离开关便是其中最常见的高压电气设备之一。在电气化铁路区段的电力机车车库线、整备线、专用线、装卸线、车站两端、大型建筑物等需进行电分段的地方都设置有隔离开关，以增强供电的灵活性与可靠性。

目前专门适用于隔离开关操作人员系统学习隔离开关相关知识、对职工培训具有较强指导性的教材还不多见，鉴于此，广铁（集团）公司组织力量编写了《电气化铁路隔离开关》一书。

本书由王延良、卢华德、赵灵龙主编，易剑波、刘立俭主审。主要编写人员：李长军、邹联斌、刘翔、沈志刚、陈热民、吴勇、欧阳富国，审定人员：游诚曦、易江平、张俊兴、宁园林。

由于编者水平有限，加之时间仓促，错漏难免，敬请读者批评指正。

编　者

2017 年 9 月

目 录

第一章　电气化铁路常识

第一节　电气化铁路的特点

随着高速铁路的快速发展，电气化铁路又一次迎来了新的发展机遇。截至2016年底，中国电气化铁路总里程已突破8万km，居世界第一，电气化率已达到64.8%。预计到2020年，我国铁路营业里程将达到15万km，其中高速铁路将达到3万km，电气化铁道为10万km。

电气化铁路是一种现代化的铁路运输工具，和内燃、蒸汽机车牵引的铁路相比，具有技术及经济上的优越性。

1. 大幅度提高运输能力

由于电力机车以外部电能作动力，它不需要自带动力装置，可降低机车自重，这样，在每根轴荷重相同的条件下，其轴功率较大，目前国内的电力机车最大轴功率为1 600 kW，内燃机车为650 kW，在相同的牵引重量时，其速度较高。而在相同速度下，其牵引力较大。客运用的HXD_{1D}型电力机车持续速度为160 km/h，而DF_{11}型内燃机车只有65.5 km/h。从货运机车的功率来比较，HXD_{1B}型电力机车为9 600 kW，DF_{10}型内燃机车为3 245 kW，而前进型蒸汽机车仅为2 200 kW。由上述数据可以看出，因为电力机车的功率大，所以它的牵引力大和持续速度较高，从而大大提高了运输能力。

2. 节约能源、降低运输成本

铁路运输是国家能源消耗的一个大户。因此，牵引动力类型的选择对于合理使用能源具有重要意义。

电力牵引的动力是电能，以宏观的能源结构看，原油储量远少于煤炭、水力，而一些无法直接使用电能的水上、陆地和空中运输工具及移动机械却需要大量的液体燃料，因此，电力牵引是最合理的牵引动力。

3. 利于环保，安全可靠

电力机车无废气、烟尘，对空气无污染，另外噪声较小，特别在通过长大隧道时，其优点更为显著，这不仅改善了司机的工作条件和旅客的舒适度，而且对铁路沿线城市的污染也降到最低。电力机车装有大功率的电气制动装置，可用于长大下坡的速度调整，从而可以大大提高列车运行的安全度。

4. 机车整备设备简单、占用时间少、运用效率高、司机劳动条件好

采用电力牵引便于推广长交路、轮乘制、开展集中检修。

第二节　牵引供电系统与相关部门的关系

铁路运输高度集中，各个部门工作环节必须紧密联系、协调动作。电气化铁路牵引供电系统的运行与铁路车、机、工、电、辆及公安(治安、消防)等各个部门都有着密切的关系，与铁路附近的厂矿企业、学校、城乡居民区的活动也有一定的联系。

(一)与车务部门的关系

车务部门即运输部门，其主要工作是组织行车，做好客、货运运输工作和相关作业，如调车编组、货物装卸等。

电气化区段的行车调度部门，应认真组织行车调度工作，严格按图运行，保证图定的接触网检修“天窗”的兑规，接触网工区应充分利用天窗停电时间，搞好检修作业，并做到按时送电，保证列车

运行图按计划实现。近年来，郑州铁路局开展实施的工务、电务、供电联合使用“综合天窗”进行检修的作业方式，取得了良好效果，可以大力推广。

当区间或站内（包括电力机车整备线、装卸货物线、专用线等）接触网停电接地时，不得向该区间或站内接发电力机车及其牵引的列车；司机如发现不符合此规定时，要立即停车并降下受电弓，否则将危及人身及设备安全。接触网工区在区间或站内停电作业时，应严格按照安全规程的要求做好临时接地线，以防上述情况发生时，机车受电弓将高压电带进停电区经过接地线短路，启动牵引变电所继电保护动作，断路器跳闸，中断供电，避免人身及设备事故的发生。

在接触网有电的情况下，在区段站和枢纽进行调车时，禁止调车人员登上棚车（在区间和中间站禁止登上敞车和棚车）行走或使用手制动。敞车、平板车上使用手制动时，不准踏在高于手制动机踏板台的车帮上或货物上，以防触电。

在带电的接触网下，不在敞车、平车、罐车等车辆（棚车、保温车、家畜车内除外）上进行装卸作业，不准进行用竹竿等物件测量货物装载高度等靠近接触网的作业。装卸货物线均设有分段绝缘器和隔离开关，并设有安全作业标志。装卸作业应由经过供电段考试合格后发给操作证的货运值班人员进行。作业前断开隔离开关，并确认接地刀闸接地状态良好；作业结束后，值班人员确认所有人员已离开危险区域，方准合上隔离开关送电。隔离开关平时要经常处于合闸位置，否则分段绝缘器因长时间承受高电压会加速老化，并且在气象条件恶劣（如雨、雾、风、雪等）和环境污染严重的情况下（如装卸石灰、水泥、煤等粉尘物）会发生闪络或击穿。接触网工区平时应按规定对分段绝缘器及隔离开关进行检查维护，以保证状态良好，确保装卸作业安全。同时，在巡视时应注意分段绝缘器的运行状态,发现无装卸作业时,应及时通知车站有关人员合闸送电(尤其是气候恶劣的情况下)。一旦发生管内接触网跳闸,应了解并检查各车站分段绝缘器处的隔离开关是否送电。如果发生绝缘器闪络或击穿,通常可先合上隔离开关,使装卸线的接触网脱离接地,通知车站暂时停止使用后,即可通知供电调度送电,然后再安排停电时间进行处理,恢复正常后方准车站进行使用和装卸作业。往货物线、专用线取送车辆时,分段绝缘器的隔离开关应处于合闸位置。《车站行车工作细则》(以下简称《站细》)应对以上要求做出相应规定。

在电气化区段内,禁止押运、随车装卸、通勤通学等人员坐在车顶上或装载的货物上。列车驶近电气化区段前,运转车长和连结员应作好宣传,要进行彻底检查,并将上述人员安置于棚车及安全的车辆里。商检人员应检查货物装载状态,要设法排除超出限界的树枝、棒竿等物件,紧固飘动的篷布,收紧绳索,不要留过长的绳头,关闭油槽车顶上盖等,必要时复测货物装载高度,使之符合规定,接触网工区应做好宣传和配合工作。此外,利用轨道车作为交通工具的接触网工区,在检修作业或事故抢修时,轨道车进出停车岔线和车站时,都要按规定向车站值班员办理行车手续,避免发生行车事故。

(二)与机务部门的关系

1. 机车运用和检修

为保证机车乘务员的安全,要求在接触网没有停电并接地的情况下,禁止到内燃机车、电力机车的车顶上进行任何作业。在机车可以攀登到车顶的梯子和通往走台板的前门等处,均应明显地涂有“接触网有电,禁止攀登”的警告标语。

电力机车整备应在指定的整备线上进行,整备线装有分段绝缘器和隔离开关,其要求与货物线相同;隔离开关位置往往与信号显示连锁。隔离开关打开时，信号显示红灯，这时，在分段绝缘器外方的电力机车不得升弓进入；否则会因受电弓将分段绝缘器短接，造成机车闯入无电区而跳闸。只有把隔离开关合上后，信号显示白灯，机车才可升弓进出整备线。

电力机车的受电弓是与接触网运行直接有关的重要部件，状态不良会造成刮网事故，支持绝缘子（包括其他绝缘部件）闪络击穿会造成接触网跳闸停电（机车乘务员称为“顶电”）而影响行车。因此，检修人员应按修程、工艺认真检修；机车出入库，乘务员和行修人员应按规定检查处理。

接触线和受电弓是一对特殊的摩擦偶，两者的物理性能，如弹性、压力、磨耗、相对位置和冲击力、机电强度等应密切配合。否则在高电压、强电流和高速运行的情况下容易诱发弓网故障，轻则中断供电，重则导致接触网和受电弓互相破坏，短时间不易恢复，更为甚者造成接触网断线或受电弓刮翻，破坏范围达数百米，甚至上千米，严重干扰运输秩序。因此，必须认真对待，开展机供联控，把故障消灭在萌芽状态。

为避免发生弓网故障，电力机车乘务员在运行中应密切注意前方接触网状态，发现异状应及时采取措施，必要时应降下受电弓，惰行越过，并及时通知车站值班人员、行调、电调或接触网工区，以便接触网工区及时派人到现场检查处理。机车乘务员如发现进入接触网无电区后（机车设有失压保护，主断路器会跳闸），应立即停车，并降下受电弓，及时与行调或电调取得联系。运行中还应严格按《铁路技术管理规程》（以下简称《技规》）有关受电弓的信号标志（“断”电、“合”电、“禁止双弓”、“准备降弓”、“升”弓、“降”弓、“接触网终点”等）要求行车，见有关人员发出“降弓”、“升弓”手信号时，应及时降下、升起受电弓，还要及时鸣笛通知补机司机同步操作。

2. 事故救援

《铁路交通事故应急救援规则》规定：救援列车出动时，“电气化区段接触网工亦需随行”，“接触网工区要根据需要及救援列车主任的要求拆除或拨移影响救援作业的接触网，清除影响作业的障碍物”。

接触网本身发生倒杆断线、严重弓网故障时，接触网工区应迅速出动，本着“先通后固”的原则（复线区段还要求“先易后难、抢通一线”），制定合理的抢修方案，必要时采取设置无电区、越区供电、降弓运行等临时供电措施。

3. 电力作业

在电气化区段，电力工区在与接触网同杆合架或在附近架设的电线路上作业时，要防止感应电击人，最主要的安全措施是按规定在停电的电线路两端做好（必要时在中间增设）接地封线，或在接触网停电的情况下进行作业。

（三）与工务部门的关系

电气化铁路下有钢轨，上有接触网，两者密切相关。工务部门的工作是对线路进行养护，保证行车。在维修作业中要起道、拨道，就会使钢轨与接触网的相对位置发生变化，从而造成机车受电弓与接触网的相对位置发生变化。同时因支柱侧面限界发生变化，有可能影响超限货物的运行。

所以，有关规程规定，供电部门应会同工务部门对接触网设备限界每年检查一次。通常采取所谓“划红线”的办法，即在接触网支柱内侧划一条“红线”，“红线”的位置即表明线路轨面的设计标高（故亦称“轨面标准线”），同时在支柱上标出以下数据：支柱侧面限界、接触线距轨面设计高度、设计拉出值、曲线半径和外轨超高，为了调整方便，也可标上受电弓中心对线路中心的偏移值（外轨超高乘以接触线高度与轨距之比）。工务部门的养路工区就以“红线”的位置为依据，按规定进行起道、拨道作业。一般规定起道量不超过 30 mm，拨道量不超过 40 mm，否则应通知接触网工区进行配合，对接触线进行调整，使之符合设计高度及拉出值。调整作业应密切配合，互相协作，以保证行车安全。工务部门未经供电部门同意，起道、拨道超过规定标准，应追究责任。隧道和下承桥的“红线”划在接触网悬接点处的隧道壁上和钢梁构架或栏杆处。每年接触网工区应会同工务养路工区和桥隧工区对“红线”进行复核校对，并做出记录，双方签认后存查。铁路局《行车组织规则》(以下简称《行规》)应对有关“红线”的管理做出具体规定。

同时，工务部门在抽换轨枕、找小坑、调整轨距和捣固砸实路基道砟时，应保证接触网的接地线和吸上线不受破坏，保持正常连接。必须移设时，应由接触网工或工务部门受过专门训练的人员进行。更换钢轨时，应保证牵引电流回路完整，必要时，用截面不少于 70 mm^2 的软铜绞线代替，与钢轨连接方式应根据换轨的具体情况按规定进行(可由工务部门受过专门训练的人员进行)，必要时应请供电部门派员配合，以免发生人身及设备事故。

路基两侧的树木除不影响列车司机瞭望外，倒树不应侵入限界和接触网安全距离。经验告诉我们，高大的白杨树尽管挺直美观，而一旦遇有大风暴雨，极易倒向铁路侧，造成接触网短路，甚至烧断接触线、承力索，修复困难、影响极大，所以在电气化开通前应更换树种，改种不易折断和倾倒的乔木或灌木。供电段和工务段应加强配合，定期检查，修剪侵限树枝，及时砍伐危树，确保安全供电。

道口通路两面应设限界架，其通过高度不得超 4.5 m。道口两侧不应设置接触网锚柱。

(四)与电务部门的关系

《技规》规定：信号及通信设备，应装有防止强电及雷电危害的保安设备，电子设备应符合电磁兼容有关规定。

对于通信设备，主要是检修地下长途通信电缆时，应将电缆金属外皮临时接地，以防接触网的感应电击人。同时，在电缆坑内铺设绝缘垫，保证作业人员对地有良好的绝缘。牵引供电远动装置的通信通道应保证状态良好、性能可靠。

对于信号设备，则必须保证接触网接地装置(包括地线、吸上线等)与轨道电路的正确连接。轨道电路中的抗流变压器及轨道绝缘节处的牵引连接线不得任意断开，其截面与牵引电流中的轨回流的大小相适应。抗流变压器的连接柜属电务部门，连接板上的螺栓和吸上线等接地装置属供电部门，接触网工区在检修中，必要时应请电务部门派员配合进行。

通信、信号电缆埋深必须符合规定，以防接触网线索断线落地时，接地电流损伤电缆。

接触网工区在轨道电路区段进行作业时，注意勿使长大金属体(如铁线、抛线、临时接地线、双钩紧线器等)短接两根钢轨，以免信号误动作造成列车事故。

(五)与车辆部门的关系

电气化区段上的各种车辆，当接触网停电并接地以前，禁止进行下列作业：

1. 攀登到车顶或在车顶上进行任何作业(如检查车顶设备、上水、上冰等)。

2. 开闭罐车和保温车的注口(盖)或在这些注口处进行任何作业。

3. 使用胶皮软管冲车辆上部。

电气化区段运行的客车、机械冷藏车应有“电化区段严禁攀登”字样。

（六）与施工部门的关系

基建部门和铁路其他施工部门在电气化区段进行施工时，应按中国铁路总公司（以下简称总公司）有关规定与供电部门签订施工安全协议。

施工作业如距接触网带电部分不足 2 m，接触网必须停电，并要按照下列规定办理：

1. 施工领导人要向供电调度员提出接触网停电申请书，申请书中应明确指出施工地点、施工所需时间、施工开始时间及作业特点。对于有计划的作业，申请书应于施工前两天提出。

2. 只有在接到供电调度员许可停电施工的命令，并有接触网工区指定的接触网工安设临时接地线之后，方可开始施工。施工时接触网工必须在场监护，在有关电气安全方面，施工领导人必须听从接触网工的指导。

3. 施工结束，接触网工确认所有工作人员都已在安全地点后，方可拆除临时接地线，并通知供电调度员施工完成。在拆除临时接地线后严禁再进行施工。

在距接触网带电部分 2～4 m 的导线、支柱、房顶及其他设施上施工时，接触网可不停电，但须有接触网工或经专门训练的人员在场监护。

须指出，在电气化铁路施工时，轨面标准线（即“红线”），是由施工单位负责标划的，铁路局工务部门应提供相关数据，开通前供电段和工务段要共同复查确认，以后每年复测一次。

既有线电气化改造施工时，新建接触网沿铁路施工时，要采取有效措施防止行车事故。进行下部工程（如挖坑）时，必须保证路基的稳定和坚固，坑壁要坚固，坑内应有防护板，保证无塌方危险；坑边不得放置重物，工具不得侵入限界；遇到排水沟应做疏通改道排水工作，以免积水影响路基的稳定。进行立杆及上部工程（如架线)时,必须保证接触网所有物件不得侵入限界,尤其是支柱、支柱拉线和接触网线索,一旦被列车挂住,后果不堪设想。

(七)与路内外其他部门的关系

在电气化铁路附近的厂矿企业、村庄乡镇、学校及公共事业单位的有关人员,应了解电气化铁路的有关安全常识,遵守有关规定,以保证人身安全。除铁路安全部门负责进行经常的宣传教育外,接触网工区也应加强这方面的工作,如告诫有关人员接触网的各种导线及其连接件,通常均带有高压电,因此禁止直接或间接(通过任何物件,如棒条、导线、水流等)与上述设备接触;教育有关人员,当接触网绝缘不良时,在支柱、支撑结构及其金属结构上,在回流线与钢轨的连接点上,都可能出现高电压,因此平常应避免与上述部件接触,当接触网绝缘损坏时,禁止与之接触;要向沿线学校的学生进行宣传教育,不要用道砟石块去扔砸绝缘子,以免发生危险;对于偷盗接触网设备器材(如地线、补偿器坠砣块等)的人员要加强教育,对有意破坏者应扭送公安机关,以维护铁路安全。

此外,在运行的列车上发生的货盗行为,如向外掀盗铝锭、钢锭、棉花包及其他笨重物有可能砸断接触网支柱,进而使列车挂住线索,造成极大破坏,甚至导致列车脱线或颠覆,因此,铁路公安部门要严厉打击。

第三节 电气化铁路隔离开关的发展

在电气化铁路发展之初,隔离开关还不能满足在负荷情况下进行对电路的开合。随着电气化铁路的快速发展,在电力牵引日趋增加的形势下,对电力牵引供电网系统的可靠性、免维护性要求也越来越高,在一些供电区段,如电力机务段、分区亭、站场、电力机务折返段、车站货物装卸线等供电场所,常需要对带负荷线路进行开合操作。

对线路开合操作分两种情况：一种是不可切除负载式，即线路中的负载不能或不易切除，这时线路中还有电流存在。这种情况下，首先用 27.5 kV 户内断路器切断线路电流，再用隔离开关切断区段线路，形成明显的可见断口，之后关合断路器。恢复其他区段供电。线路关合与之相反，先断开断路器，再关合隔离开关，之后再合上断路器，恢复区段供电。另一种是可切除负载式，即先将线路中所有负载切除，消除线路中的负载电流，再利用隔离开关分断和关合。第一种方式影响面小，但需要先切除负载。第二种方式，停送电操作程序复杂，操作过程时间长，且断路器的开断会影响其他区段面积停电。因此急需一种可直接开、合负荷电流，并形成明显可见断口的开关设备——负荷隔离开关。

简言之，电气化铁路隔离开关由不可切除负载式的普通隔离开关(GW4-27.5TD/630)发展到目前广泛使用的可切除负载式的负荷隔离开关(FW32-27.5/1250)。

隔离开关安装的具体处所如图 1-1 所示。

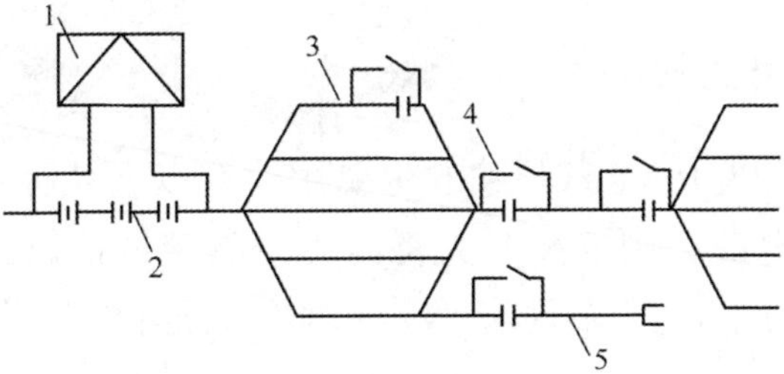

图 1-1　隔离开关安装示意图

1—牵引变电所；2—分相绝缘器；3—装卸线；4—隔离开关；5—专用线

第二章　隔离开关基础知识

隔离开关是高压开关的一种，在电力系统中是必不可少的设备。其在电气化铁路上使用繁多、应用复杂。为安全、合理、充分地搞好电气化铁路的运营，必须准确操作和正确无误地使用电气化铁路上的隔离开关。

第一节　隔离开关的基本知识

一、隔离开关的定义

隔离开关是一种结构比较简单的开关电器，是电网中重要的开关电器之一。它由操作机构驱动本体刀闸进行分、合。分闸后形成明显的电路断开点。

二、隔离开关的作用

在高压电网中，隔离开关的主要用途有以下几种：

1. 隔离电源。用隔离开关将需要停电进行抢修或检修的电气设备与带电的电网可靠地隔离，绝对保证抢修，检修工作人员的安全。

2. 接通和切断小电流电路。如接通或断开电压为 35 kV、长度为 10 km 以内以及电压为 10 kV、长度为 5 km 以内的空载输电线路。分合电压互感器、避雷器及系统无接地的消弧线圈。

3. 倒闸作业（倒母线操作）和中性接地的切换。改变供电方式，增强供电的灵活性，确保供电可靠性。

在电气化铁路当中，隔离开关的主要作用也如以上三点。在接触网上，主要是上述前两种作用。一般地，在接触网区间上不需经常操作的隔离开关是不带接地闸刀的，而操作频繁的均采用带接地闸刀隔离开关，现在使用的带接地闸刀隔离开关普遍是接地闸刀与主闸刀互为联动的。

三、隔离开关的特点及对隔离开关的要求

在高压电力网上，切断和接通电源的设备有隔离开关和断路器两种，同高压断路器比较，隔离开关的特点是：没有专门的灭弧装置，因此不能带负荷操作。如带负荷强行操作，则会产生强大的电弧，损毁隔离开关和其他供电设备，造成供电设备事故，甚至危及人身安全。但隔离开关有明显的断开处，其分合状态直观明了，一眼能辨认是否切断（接通）电源，从而绝对可靠地确保工作人员进行各种停电作业的安全。受隔离开关特性的决定，再加上高压电力性质及外界环境的影响，对其基本要求有以下几个方面：

1. 隔离开关应有明显的断开点，以易于鉴别电气设备是否与电源隔开。

2. 隔离开关断开处应具有可靠的绝缘，即要求其断开点间（在断开位置时）有足够的空气绝缘距离，以保证在过电压等特别情况下，不致引起击穿而危及工作人员的安全。

3. 应具备足够的短路稳定性。在运行的电力系统中会存在电流的热效应与电动力，其热效应和电动力随着电流的变化而变化。发生短路时，电流效应与电动力影响最大。隔离开关在运行中亦会受到短路电流热效应与电动力的作用，如不具备足够的稳定性，则会在电动力的作用下而自动断开，因此造成严重的事故。

4. 如是带接地闸刀的隔离开关，其主闸刀与接地闸刀应相互联动或联锁，以保证操作隔离开关时顺序正确，避免因操作失误而

造成供电设备事故及人身安全事故。

5. 带接地闸刀的隔离开关，其断开后，被停电侧主闸刀与接地闸刀的接点要明显可辨，并且接点接触一定要大面积密贴、紧靠，以防发生意外事故。

四、隔离开关的分类及应用

隔离开关可按不同的原则进行不同形式的分类，按照单一的标准主要有以下分类：

1. 按绝缘支柱数目可分为：

(1)单柱式隔离开关；

(2)双柱式隔离开关；

(3)多柱式隔离开关；

(4)V 形隔离开关。

接触网上均使用双柱式隔离开关。

2. 按闸刀（不带接地闸刀的隔离开关按闸刀，带接地闸刀的隔离开关按主闸刀）的运行方式可分为：

(1)水平旋转式隔离开关；

(2)垂直旋转式隔离开关；

(3)摆动式隔离开关；

(4)插入式隔离开关。

目前应用到接触网上的一般都是水平旋转式隔离开关。

图 2-1　单柱式隔离开关

3. 按有无接地闸刀可分为：

(1)带接地闸刀隔离开关；

(2)无接地闸刀隔离开关。

而带接地闸刀隔离开关其主闸刀与接地闸刀间的运动联系又

有联锁和联动之分。一般地，这种联锁或联动的实现是以机械操作控制的，因此被称之为机械联锁装置。主闸刀与接地闸刀实行联锁的目的是以防误将带电的出线端接地，即隔离开关的动作程序应该是：主分→地合或地分→主合。

图 2-2　V 形隔离开关

此两种隔离开关在接触网上都有应用。在车站的货物线、电力机车折返段的整备线等需经常进行停电作业的地方使用带接地闸刀隔离开关；在车站两端四跨电分段、分相电分段、馈电线、捷接线、并联线等不需经常操作的处所安装无接地闸刀隔离开关。

4. 按操作机构不同，根据目前使用可分为：

(1)手动隔离开关；

(2)电动隔离开关；

(3)气动隔离开关。

电动隔离开关和气动隔离开关的操作控制又分为当地和远动两种，现在使用的隔离开关往往同时具备手动和机械两种操作机构。牵引变电所内就一般使用这样的隔离开关，但接触网上使用的是手动操作隔离开关。

图 2-3　中性点隔离开关

5. 按其装设地点的不同分为：

(1)户内隔离开关；

(2)户外隔离开关。

安装于房屋里面的隔离开关称为户内隔离开关。此开关只有牵引变电所内才有,而接触网是露天架设的,其上的全部是户外隔离开关。

综合上述五个不同的分类标准,隔离开关种类繁多。

五、隔离开关的型号表示

隔离开关的型号由字母和数字两部分组成,其具体表示及其意义如下:

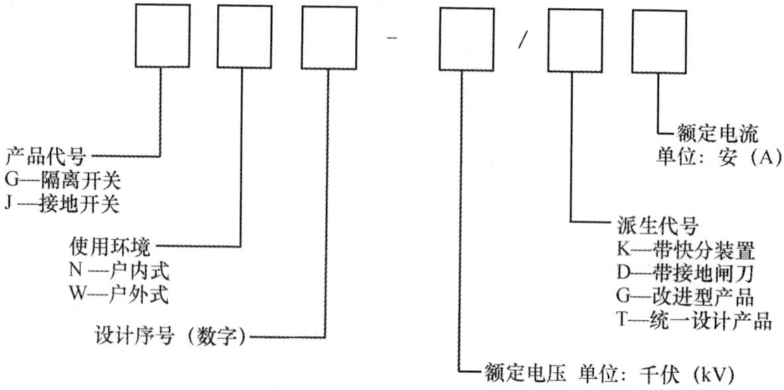

型号中,设计序号为数字,额定电压和额定电流是数值,其单位省略不写,产品代号、使用环境和派生代号均为字母,其派生代号一栏可是多个字母。

例如:GW4-27.5D/630。表示设计序号为4,额定电压27.5 kV,额定电流630 A的带接地刀闸户外隔离开关。

现在一些隔离开关的型号表示有变化,目前接触网上隔离开关的表示就把额定电流与派生代号两栏位置调换了。如GW4-25/630TD型隔离开关即是,其表示的是额定电流为630 A,额定电压为25 kV,第四次统一设计户外的带接地闸刀隔离开关。此外,随着高速铁路的发展,在各高速铁路上大量使用国外进口或中外合资生产的隔离开关,型号命名也与国产命名有所不同。如武广线上由斯第华电气(天津)有限公司生产的 SR16200-27.5 kV-2 000 A 隔离开关,其 S 为法语 Sectionneur 的缩写,意思为隔离开关,R 为法语 Rotatif 的缩写,意思为旋转,额定电流为 2 000 A,额定电压为 27.5 kV;再如由斯第华电气(天津)有限公司生产的 IT25N27.5 kV/2000A 隔离开关,其 IT 为法语 In Terrupteur 的缩写,意思为开关,N 为法语 Normal 的缩写,意思为正常的,额定电流为 2 000 A,额定电压为 27.5 kV。

六、隔离开关的构造

隔离开关由导电系统、绝缘支柱、底座和操作机构四大部分组成。

导电部分一般由主闸刀(带接地闸刀隔离开关有接地闸刀),触头和进、出线端子组成。其作用是传导电流(接地闸刀是使被停电侧设备接地),由良导电体的金属材料制成。如图 2-4 所示。

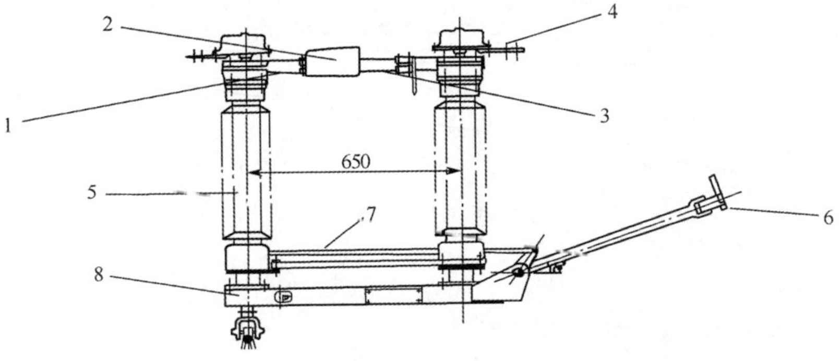

图 2-4　GW4-27.5(D)型隔离开关

1—主闸刀(左);2—触头;3—主闸刀(右);4—接线端子;
5—棒式绝缘子;6—接地闸刀动触头;7—连杆;8—底座

绝缘支柱是两个瓷质的棒式支持绝缘子，作为支撑绝缘件使带电的主闸刀等带电部分与不带电部分绝缘，并通过其旋转使主闸刀转动（断开和合上），同时还起机械上的支持作用。

底座均为金属构架和旋转轴承组成。其作用是承担隔离开关的全部重力负荷，固定其他各个部件。需注意的是隔离开关的底座都要直接接地。

操作机构用来改变隔离开关的运行状态，由动力机械和连接件两大部分组成。图 2-5 为带接地闸刀手动操作隔离开关，其连接件有连动杆、连杆、销子等。动力机械为手力操作机构，其操作手柄短，操作时需套接操作杆。

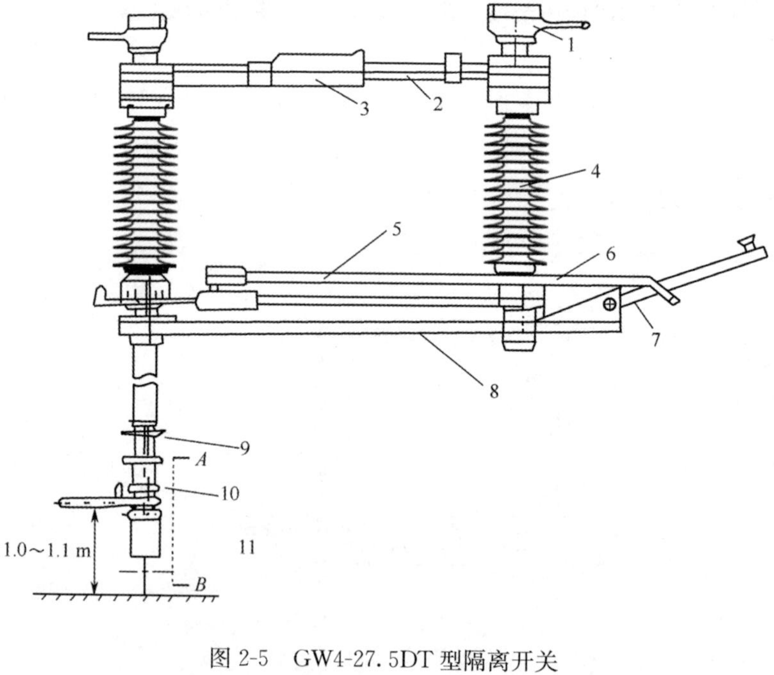

图 2-5 GW4-27.5DT 型隔离开关

1—出线座；2—接地开关触头；3—主触头；4—支柱绝缘子；5—接地闸刀拉杆；6—连动杆；7—接地闸刀；8—底架；9—传动杆；10—销子；11—手力操作机构

第二节　电弧的生成与熄灭

一、电弧的生成

在日常生活中，插接或拔掉电器插头，关合电器开关时，经常会看到电火花，这电火花就是电弧。空气中两个可分离触头间的电压在 10～20 V 以上，或切断电流在 80～100 mA 以上时，均会生成电弧。

电弧产生的根本原因是电位梯度陡，即电位变化率很大，引起了（生成）强大的电场（电场强度很大），把电子由阴极（二分离触头之一）表面拉出来，这种游离方式称为强电场发射。另外，触头表面并不平滑，总有最后脱离接触的炽热点，形成金属的热电发射。很多的自由电子在电场作用下运动，并与空气分子相遇，形成碰撞游离，使空气变为含有电子和离子的导电体，即空气击穿，这些就是弧光现象的实质。由此可知，只要电弧存在，电路就没有切断，触头断开处经电弧接通（弧光放电），只不过电弧有一定的弧光电阻（弧光电阻是变化的）。

电弧的温度很高，其最高可达 10 000 ℃以上。因此使触头的一部分金属变为金属蒸汽。高温下的金属气体分子和原子热运动加剧，相互碰撞分裂为电子和正离子，形成电游离。这样，电弧的燃烧主要依靠热游离维持。

游离过程的同时，存在着去游离。游离强于去游离时，则电弧维持；当去游离强于游离时，则电弧熄灭。

二、交流电弧的特性

交流电的电流和电压每在一个周期内有两次过零值，即每半个周期过零一次。电弧存在时就仍有电流，因此，当交流电流过零时，交流电弧就会自然熄灭。电弧自然熄灭后，电网向弧隙供应能量的过程虽然中断了，然而在弧间仍有很高的温度和大量的带电粒子，故仍有显著的热游离和较高的电导。交流电弧熄灭后，可能再度重燃，交流电弧的重燃不仅与其电源有关，还受电路性质等多种因素直接影响。

切换电阻性交流电路时，某时刻电流过零，则同一时刻电源电压也过零。电弧自然熄灭后，弧隙电压按照电源电压波形增加，过渡平稳，电弧复燃率减小。当断开电感性交流电路时，电流过零时刻，其电压为电源电压幅值（电压最大值），在电弧自然熄灭时刻，弧隙电压为电源电压的峰值，其电弧重燃严重。而实际电路中，除有容性和感性负载外（一般用电设备多属感性负荷），电路自身存在寄生电容，将产生振荡，使交流电弧自然熄灭时刻弧隙电压变化复杂，电弧重燃较容易，不利于灭弧。

低电压电路的开关中，电弧在第一次过零，其自然熄灭后，一般不会重燃，即电弧第 1 次自然熄灭就永久熄灭了，也就是电弧燃烧期不会超过 0.01 s。所以低压开关没有灭弧装置，只要迅速拉开活动闸刀，电火花转瞬即逝。高压电网则不然，因此高压电路中必须装上有灭弧装置的高压开关（断路器），尽管使用断路器切断电路，其电弧还需 15 半周甚至更多才能熄灭。

第三节　隔离开关的控制区域

如果弄不清隔离开关的控制区域，就不能根据工作需要进行停电而断开相应的隔离开关。即使隔离开关在分断后，对于无接地闸刀的隔离开关也无法挂接接地线，否则，万一挂错一侧，则接触网电源直接接地，造成重大事故。而没有封线接地，就不能进行停电抢修、检修等作业。就是带接地闸刀的隔离开关，虽说控制侧容易辨出，但若分不出其控制区域，也不能在网上或其他设备上进行种种作业，因此，进行隔离开关倒闸作业的人员及需在网下工作的人员一定要弄清楚隔离开关的控制区域。也就是要搞清某一区域是受哪一隔离开关的控制。对于工作领导人和发票人（发隔离开关操作申请票）更要弄清楚隔离开关所控制的区域。

带接地闸刀的隔离开关 GW4-25/630T 型隔离开关所控制的一定是带有接地闸刀静触头的主闸刀一侧的区域，即隔离开关接地闸刀一端侧的区域，如图 2-6 所示（设两分段绝缘器之间为 A 区域）。

绝缘子串和分段绝缘器都是起绝缘作用的，实现电源隔离，即将接触网进行电分段。如图 2-6 中 A 区域承力索和接触线两端分别用悬式绝缘子串和分段绝缘器隔断电源。断开隔离开关（主闸刀分开后），开关右端的接地闸刀则与右侧的主闸刀上的接地静触头接通，使 A 区域接触网接地，A 区域被停电。

带接地闸刀的隔离开关所控制的区域只要对隔离开关进行仔细的观察便能得知，其控制的是接地闸刀端一侧。

为了弄清楚隔离开关的控制区域，下面简略介绍一下接触网中的电分段。

在接触网中，为了满足一定的供电方式和各种线路及场合的运行要求，需要用悬式绝缘子串和分段绝缘器将牵引电源分成若干个独立的供电分区。悬式绝缘子（组成悬式绝缘子串的单体）和分段绝缘器的结构分别如图 2-7 所示。

在这里，我们把由悬式绝缘子串和分段绝缘器（图 2-8）组成的绝缘处称为电分断点。这样，带接地闸刀的隔离开关的控制区域则为从隔离开关处的电分断点始，沿接地闸刀端至另一个电分断点止。在图 2-6 中，隔离开关所控制的区域则为 A 区域。

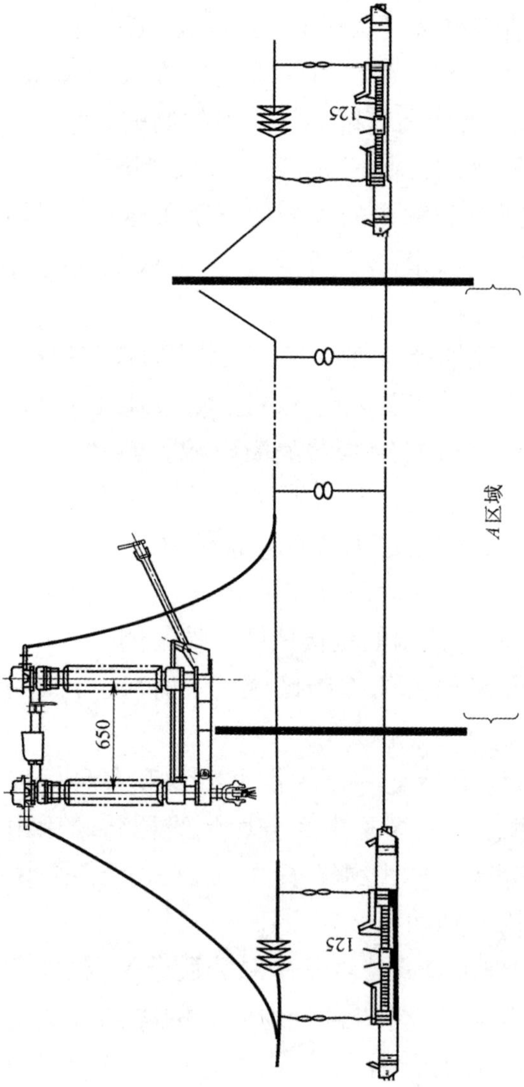

图 2-6 隔离开关控制区域示意图

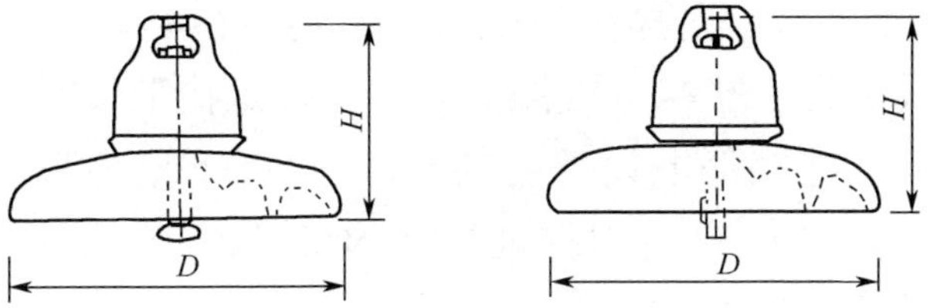

(a)杵头悬式绝缘子　(b) 耳环悬式绝缘子

图 2-7 悬式绝缘子

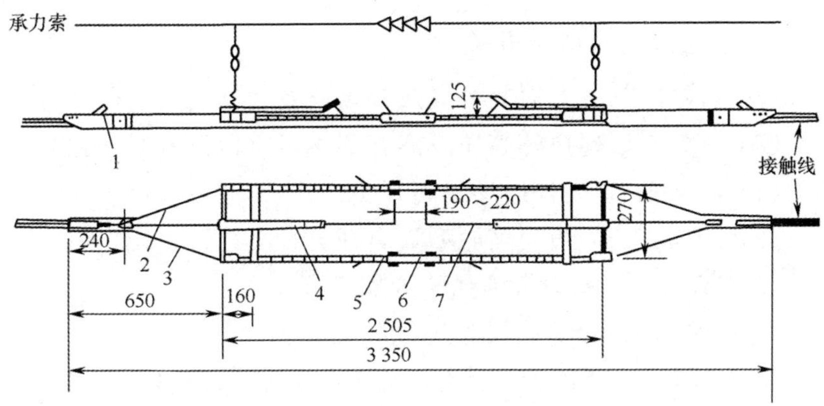

图 2-8 C1200 高铝陶瓷分段绝缘器

1—接触线接头线夹；2、3—导流框架；4—角钢支架；

5—绝缘元件；6—辅助滑道；7—导流角隙

无接地闸刀隔离开关(如 GW4-5/630T 型隔离开关)控制的也是两电分断点间的区域，但到底在隔离开关的哪一侧就不像带接地闸刀的隔离开关所控制的区域那么容易通过观察隔离开关马上就能确定出来的。当然，沿线一路观察是能确定出其隔离开关的控制区域，但费工费时。因此，多借用图纸分析查找。而对这些无接地闸刀的隔离开关所控制的区域要特别弄清，不然，接地线一挂就可能造成事故。所以，在挂接地线前，对所操作的隔离开关的控制区域不得有半点疑问。

挂接地线时，首先挂接地端，接地端接好后，才能利用操作棒等将接地线的另一端接上被停电设备。拆除接地线时其程序恰好相反。先取下挂在停电设备上的一端，再拆下接地端。在挂拆接地线的整个过程中，要绝对保证足够的绝缘距离，以确保倒闸作业安全。

第四节　常见隔离(负荷)开关产品介绍

一、普速线常用隔离开关

(一)GW4-27.5 系列户外高压隔离开关

GW4-27.5 系列户外高压隔离开关主要有以下几种产品：

(1)GW4-27.5 为普通型隔离开关；

(2)GW4-27.5(G)为高原型隔离开关；

(3)GW4-27.5X 为带消弧装置隔离开关；

(4)GW4-27.5D 为带接地刀闸隔离开关；

(5)GW4-27.5XD 为带消弧、带接地刀闸隔离开关；

(6)GW4-27.5/55 为双极连动隔离开关。

1. 型号说明

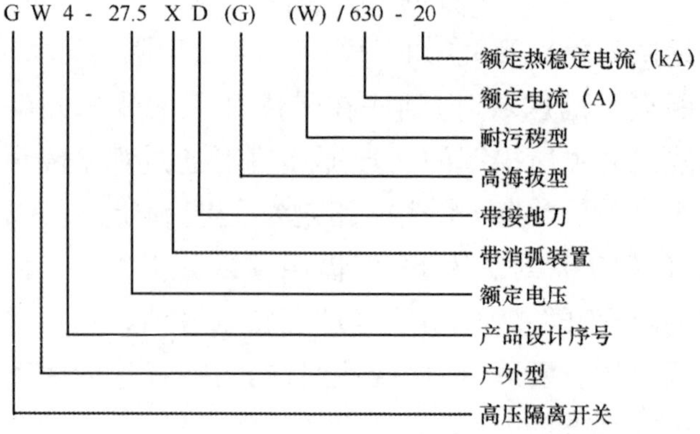

2. 主要用途

GW4-27.5 系列户外高压隔离开关是根据 GB 1985《交流高压隔离开关和接地开关》(该标准等效 IEC 129 和 IEC 694)及铁路部门的特殊要求设计的户外高压电器,供在有电压无负荷时分合电路及开断小电流(GW4-27.5X 型)之用。

配用 CJW-Ⅱ型电动操作机构或 CS11 手动操作机构。

3. 使用条件

(1)海拔高度:≤1 000 m(高原型≤3 000 m)。

(2)周围环境温度不高于+40 ℃,不低于−40 ℃。

(3)户外风速不超过 35 m/s。

(4)覆冰厚度不大于 10 mm。

(5)地震烈度不大于 8 度。

(6)污秽等级:按附盐密度 0.35 mg/cm^2 考虑。

4. 技术参数(表 2-1)

表 2-1　技术参数

序号	项目			单位	额定参数		
					GW4-27.5X(D)	GW4-27.5 单极	GW4-27.5 双极
1	额定电压			kV	27.5	27.5	55
2	最高工作电压			kV	31.5	31.5	63
3	额定电流			A	630;1 250	630;1 250	630;1 250
4	额定绝缘水平	一分钟工频耐压(有效值)	相对地	kV	129(高原型 161)	129(高原型 161)	129(高原型 161)
			断口间		177(高原型 221)	177(高原型 221)	177(高原型 221)
		雷电冲击耐压(峰值)	相对地		252(高原型 315)	252(高原型 315)	252(高原型 315)
			断口间		299(高原型 374)	299(高原型 374)	299(高原型 374)
5	4 s 热稳定电流(有效值)			kV	20	20	20

续上表

序号	项　　目	单位	额定参数		
			GW4-27.5X(D)	GW4-27.5 单极	GW4-27.5 双极
6	动稳定电流(峰值)	kA	50	50	50
7	切断空载线路电容电流	A	8		
8	开关主回路电阻	$\mu\Omega$	≤200	≤200	≤200
9	机械寿命	次	10 000	10 000	10 000
10	极间距离	mm			1 600

5. 工作原理

本隔离开关为双柱水平旋转式，本体(不包括机构)分为底架、支柱瓷瓶、导电回路，也可加装接地刀和消弧装置。

底架的主体为一根槽钢，槽钢上安装有两个轴承座，每个轴承座转板上安装有一节棒形瓷柱，导电回路装设在瓷柱上端，由主闸刀、辅助触头(消弧装置)、出线座构成。主闸刀有两段：一段是触片、夹钳触头；一段是插入触头合闸时插入触头在两排触片之间，底架的(图 2-9 中项 1)一端可以装设接地刀。

当操作机构操作时，带动左侧瓷柱旋转 90°并借助水平连杆(图 2-9 中项 8)使另一瓷柱反向旋转 90°于是两触头便两侧分开或闭合，同时带动接地刀合闸或分开。

消弧触头与主触头由同一操作机构控制动作，且主触头打开一定距离时，消弧触头(即消弧装置)能快速分开，拉断电弧，切断线路中的电容电流。

(1)电动操作机构

①结构

a. 户外、箱式、防雨、封闭并有加热装置。

b. 传动系统采用摆线针轮，减速传动形式。

c. 该机构既可在远方电动操作，也可在机构前电动操作，机构箱内设有分、合闸按钮和停止按钮，并有明显分、合显示。该机构亦可通过手柄进行手动操作，并且有如下联锁：

手动操作时不能电动操作；

当地操作时不能远方操作。

②性能

a. 操作电源：交、直流两用。

交流 220 V；直流 110 V 或 220 V。

操作电压波动范围 85%～110%。

b. 机构内装有电机、减速器、电磁离合器、辅助开关、接触器等控制回路和保护装置，确保开关的到位和过载保护。

(2)手动操作机构

配用 CS11 手动操作机构，该机构输出轴旋转 90°，配有辅助开关。也可配用电磁锁。

(3)电动操动机构和手动操动机构详见其各自的安装使用说明书。

6. 开关简图、安装调整及安装尺寸

本开关适用于水平安装，安装前应对开关及机构进行检查，证实完好无损时方可安装。

(1)安装前检查

a. 铭牌数据应与订货一致。

b. 产品及附件、备件应与装箱清单相符。

c. 产品外表应无损伤。

d. 轴承座转动应灵活。

e. 紧固件应牢固，无松动现象。

(2)开关本体简图(GW4-27.5XD)(图 2-9)

(3)安装

a. 开关安装尺寸如图 2-10 所示，将开关本体固定在水平的基

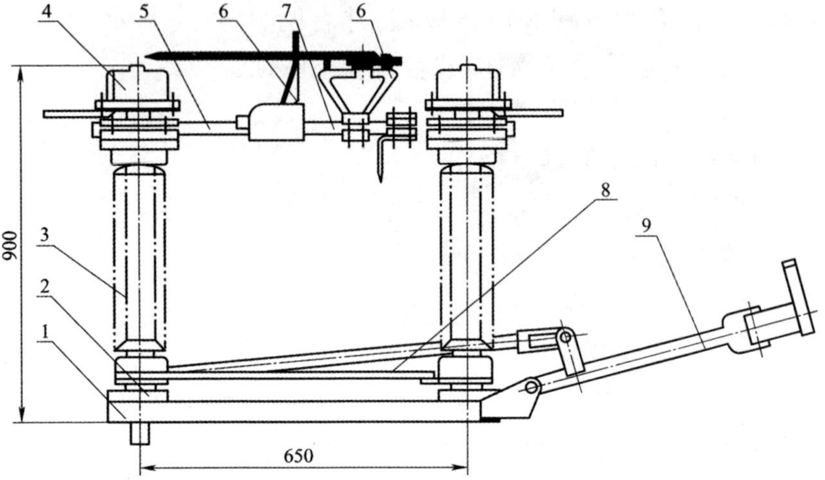

图 2-9　开关本体简图(GW4-27.5XD)

1—底架;2—轴承座;3—瓷柱;4—出线座;5—夹钳触头;
6—消弧装置;7—插入触头;8—连杆;9—接地刀

础上,找正安装孔尺寸,拧紧安装螺钉。

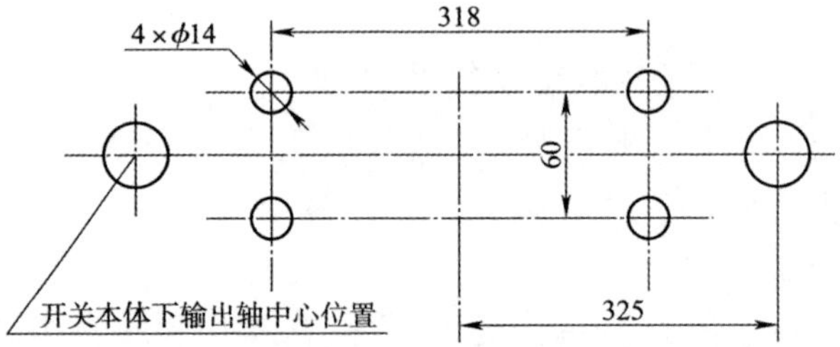

图 2-10　开关安装尺寸图

b. 检查和调整触头接触情况,务使合闸时插入触头与两排触片同时接触。

c. 触片应在插入触头的中间位置,上下偏差不应大于 5 mm,两主触刀的中心交点到两柱中心连线的距离不得超过 5 mm,两柱上端中心摆动不得大于 4 mm,分闸位置时,两触刀应近似平行。

d. 分、合位置主闸刀转动 90°～91°,在分合闸的终点位置,限位螺钉与限位板间的间隙应调到 1～3 mm。

e. 开关本体与外部母线连接的接线尺寸如图 2-11 所示。

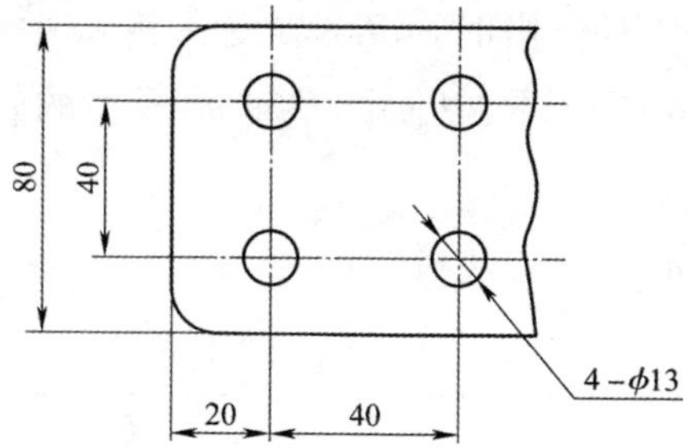

图 2-11　接线端子尺寸图

(4)调试(电动操动机构)

a. 开关本体接地螺钉应良好接地。

b. 操作机构的安装以操作机构安装使用说明书为准,操作机构安装位置与开关本体相互安装位置以操作机构上输出轴与开关下输出轴中心对正为准。

c. 在开关本体与操作机构安装完且上下连接轴中心调整后,安装中间传动轴,中间传动轴安装如图 2-12 所示,中间传动轴安装前要检查是否弯曲,弯曲的要调直。

d. 中间传动轴由上向下依次安装,当与操作机构上接头连接时,若发现操作机构上接头高或低接不上时,若误差不大于±5 mm 可把操作机构上接头向上或向下压,若差距太大要检查各安装尺寸,当螺栓孔对不上时,可用手动传动操作机构。

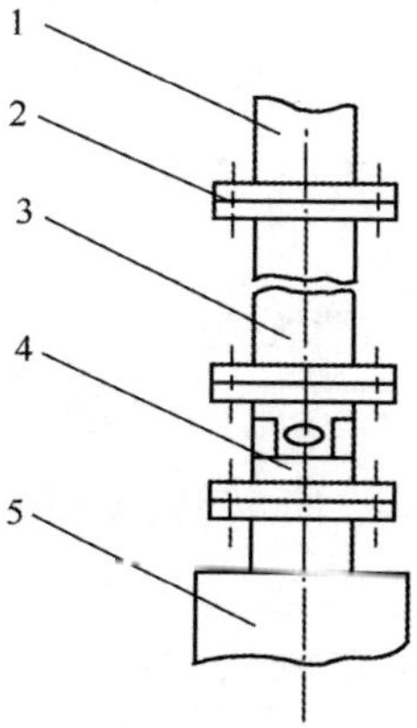

图 2-12　中间传动轴

1—开关本体左轴;2—中间传动轴;3—螺栓紧固连接;4—十字活接头;5—操作机构上接头

e. 当开关本体及操作机构连接完后，先用手动检查开关是否合分闸到位，并且操作机构辅助开关转换到位，如正常可电动检查。

f. 当上述要求不合格时，可调节操作机构中辅助开关与机构输出转动轴之间的调节环，以便调整辅助开关的转换时间，达到上述目的。

中间传动轴部件数量见表 2-2。

表 2-2 中间传动轴部件数量

序 号	名 称	数 量	备 注
1	开关本体左轴	1	
2	中间传动轴	2	
3	螺栓紧固连接	12 套	M10×35
4	十字活接头	1	
5	操作机构上接头	1	

g. 调节环简图如图 2-13 所示，可简单分成内外两圈，可以左右搓动，从而改变调节环的缺口尺寸，来改变辅助开关的切换时间。

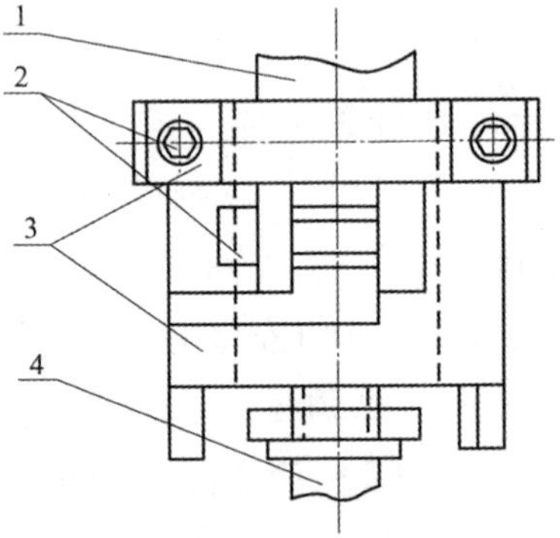

图 2-13 电动机构辅助开关调节环

1—机构输出转动轴；2—内六角螺栓；3—内、外调节环；4—辅助开关转轴

h. 消弧触头与主触头之间的关系是：分闸时主触头先打开，消弧触头（辅助触头）再打开，合闸时消弧触头先合闸，主触头再合闸方为正确。

i. 安装完毕经检查证实符合要求，即可投入运行。

7. 运行及检修

必须在线路负荷切断后方可操作。

应定期检修(每年1～2次),如遇严重短路故障,应在故障后立即进行检修。

(1)消除导电部分及支柱瓷瓶表面尘垢,将接线端子与母线连接平面及触头表面清理干净,涂上薄薄一层工业用凡士林。

(2)用酒精或汽油清洗转动处,并涂上薄薄一层工业用凡士林,使其转动灵活。

(3)检查各紧固螺栓有无松动。

(4)检查各销孔连接有无锈蚀现象,更换损坏零件。

(5)检查电动机构当传动轴转动90°时,辅助开关能否正确动作分合,接点接触是否良好。

(6)漆层脱落处应补刷油漆。

(7)消弧弹簧端部如烧损严重,应更换消弧弹簧。

(二)隔离负荷开关(FW□-55/27.5/$\frac{630}{1\,250}$双极、FW□-27.5/$\frac{630}{1\,250}$单极)

1. 型号说明

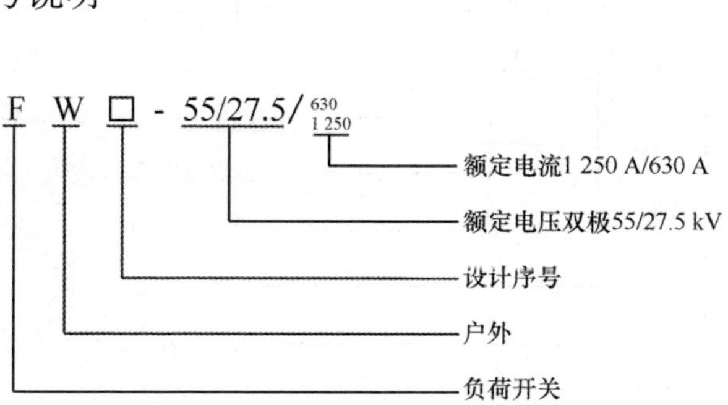

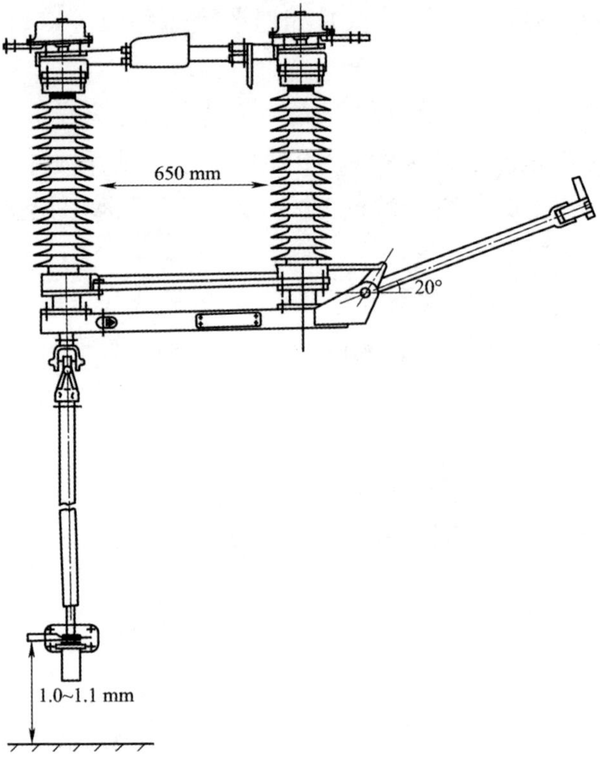

图 2-14 GW4-27.5(D)隔离开关示意图

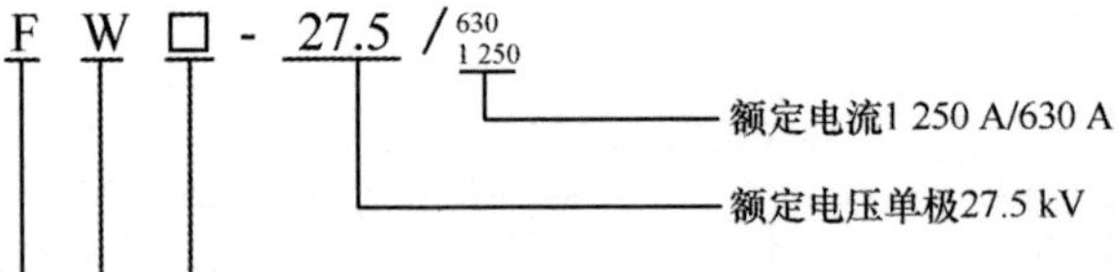

2. 主要用途与适用范围

依据 GB 3804—2004《3.6 kV～40.5 kV 高压交流负荷开关》国家标准及电气化铁道专用隔离负荷开关的具体要求制造。作为电器控制设备,用于交流 50 Hz,27.5 kV、55/27.5 kV 电气化铁路电网中，可安装在铁路沿线户外构架上，或户外变电所内。能在正常条件下，开合额定负荷电流及以下负荷电流、额定线路充电电流和关合额定短路电流。

3. 使用环境条件

环境温度：上限+40 ℃，下限−40 ℃

海拔高度：<2 000 m

抗地震能力：地震烈度 8 度

抗污等级：在覆盐密度 0.32 mg/cm^{2}下耐压 30 kV

风速：≤35 m/s

覆冰厚度：≤10 mm

安装场所：应无易燃物质、爆炸危险、化学腐蚀及剧烈震动

4. 技术参数表(表 2-3)

表 2-3　技术参数

<table>
<tr><th rowspan="2">序号</th><th rowspan="2" colspan="3">项　　目</th><th rowspan="2">单位</th><th colspan="2">参　　数</th></tr>
<tr><th>FW□-27.5/1250</th><th>FW□-55/27.5/1250</th></tr>
<tr><td>1</td><td colspan="3">额定电压</td><td>kV</td><td>27.5</td><td>55/27.5</td></tr>
<tr><td>2</td><td colspan="3">最高电压</td><td>kV</td><td>31.5</td><td>63/31.5</td></tr>
<tr><td rowspan="6">3</td><td rowspan="3">额定绝缘水平</td><td rowspan="3">雷电冲击耐受电压(峰值)</td><td>断口间</td><td rowspan="3">kV</td><td>235(299)</td><td>235(299)</td></tr>
<tr><td>相对地</td><td>185(252)</td><td>185(252)</td></tr>
<tr><td>极间</td><td></td><td>325</td></tr>
<tr><td colspan="2" rowspan="3">1 min 工频耐受电压(有效值)</td><td>断口间</td><td rowspan="3">kV</td><td>115(177)</td><td>115(177)</td></tr>
<tr><td>相对地</td><td>80(129)</td><td>80(129)</td></tr>
<tr><td>极间</td><td></td><td>140</td></tr>
<tr><td>4</td><td colspan="3">额定电流</td><td>A</td><td colspan="2">630/1 250</td></tr>
<tr><td>5</td><td colspan="3">额定线路充电开断电流</td><td>A</td><td colspan="2">6.3</td></tr>
<tr><td>6</td><td colspan="3">额定短路关合电流(峰值)</td><td>kA</td><td>31.5</td><td></td></tr>
<tr><td>7</td><td colspan="3">合闸时间</td><td>s</td><td>≤6</td><td></td></tr>
<tr><td>8</td><td colspan="3">分闸时间</td><td>s</td><td>≤3</td><td></td></tr>
</table>

续上表

序号	项目		单位	参数	
				FW□-27.5/1 250	FW□-55/27.5/1 250
9	额定热稳定电流		kA	12.5	
10	额定热稳定时间		s	2	
11	机械寿命/电寿命		次	10 000/10 000	
12	配用的:CJ□型电动操动机构的操作电压	合闸线圈	V	交流:220 直流:110,200	
		分闸线圈	V	交流:220 直流:110,200	
		电动机	V/W	交直流:110,220/360	
13	每极导电回路电阻		μΩ	<200	
14	合闸同期性		mm		<10
15	额定接线端机械负荷	横向	N	135	
		纵向	N	500	
16	隔离刀闸分闸后空气绝缘距离		mm	≥400	
17	重量		kg	280	580

5. 特点

(1)可靠性高

真空灭弧室部分和隔离外断口部分用中间传动机构连成一体,其相互动作顺序,时间差是由机械构造来保证的,不需要其他条件,确保动作可靠。

(2)操作容易

只要操动机构带动中间的一个主轴转动,就可完成真空灭弧室先分、隔离外断口后分和外断口先合灭弧室后合的过程,所以只要简单操作操动机构合分闸即可,不需任何训练。

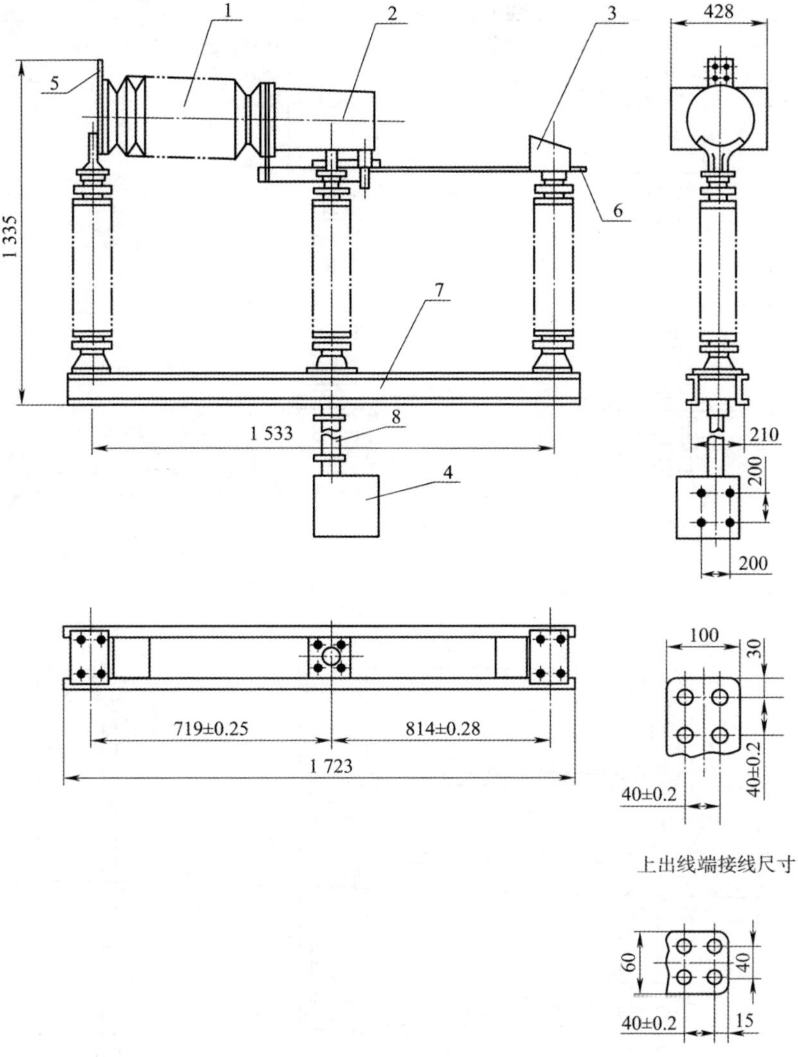

图 2-15　FW□-27.5/1 250 结构简图

1—真空灭弧部分；2—开断机构；3—隔离外断口；4—操作机构；

5—上出线端；6—下出线端；7—底架；8—中间传动轴

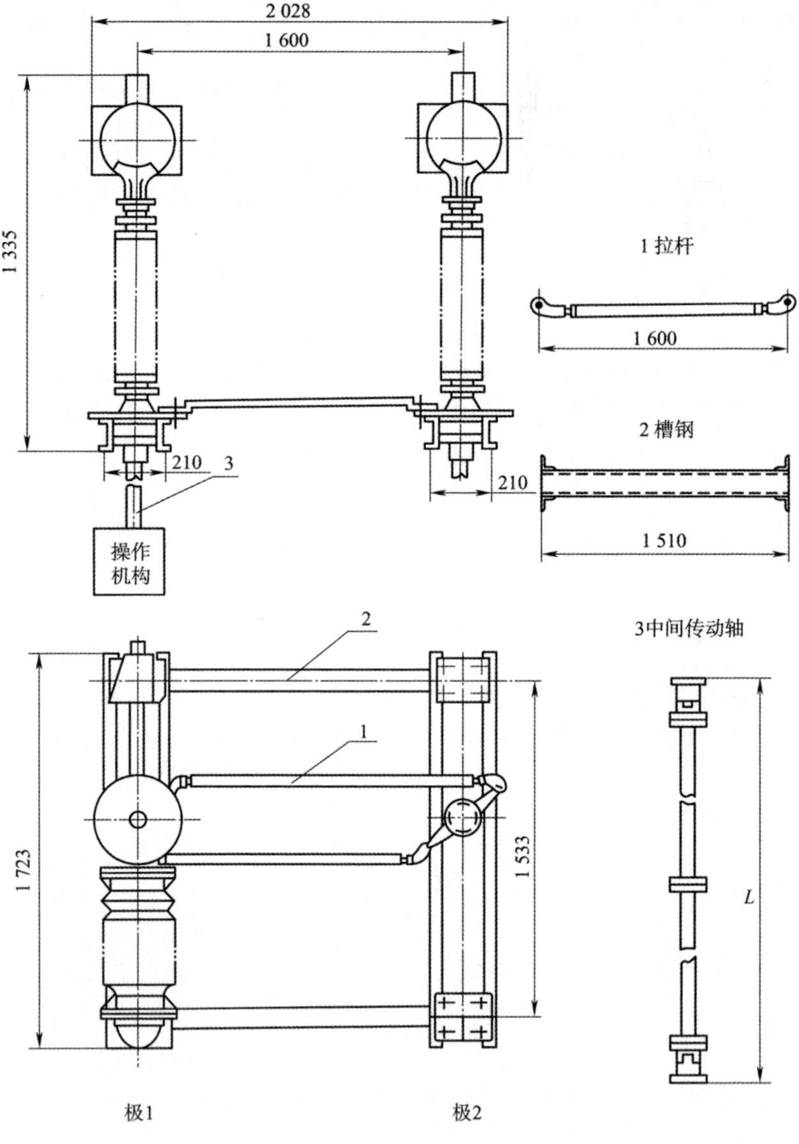

图 2-16 FW□-55/27.5/1 250 双极结构简图

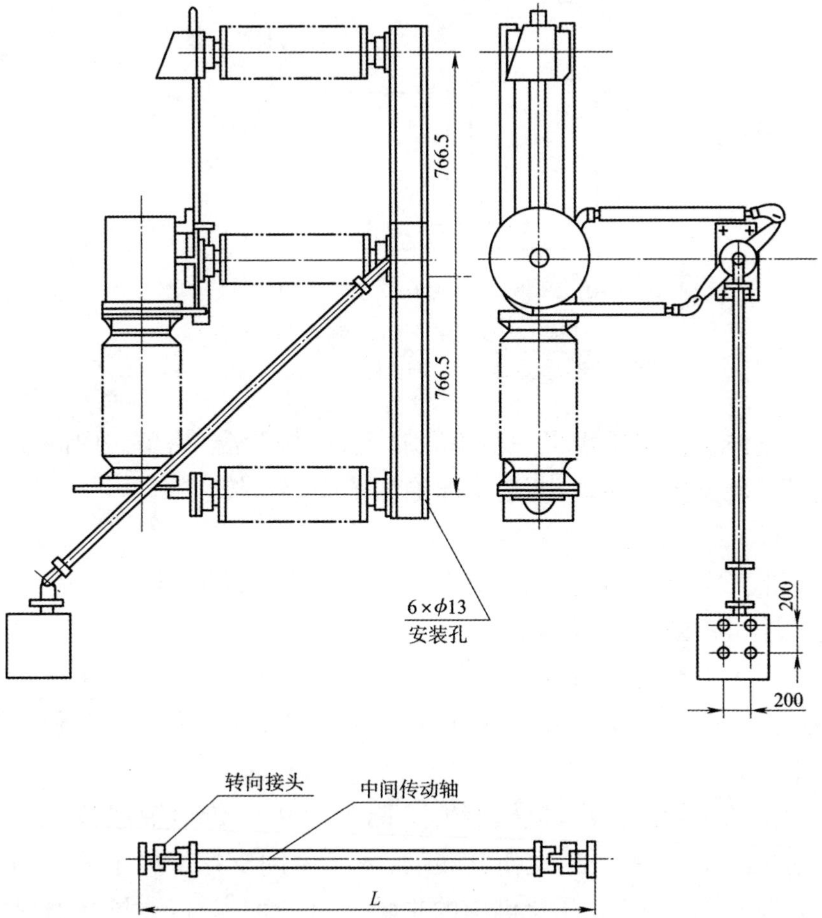

图 2-17　垂直安装示意图

(3)可频繁操作

开关的机械耐久能力和电耐久能力各为 10 000 次，开关可频繁操作，使用寿命长。

6. 主要结构概述

(1)整体结构布置(图 2-18)

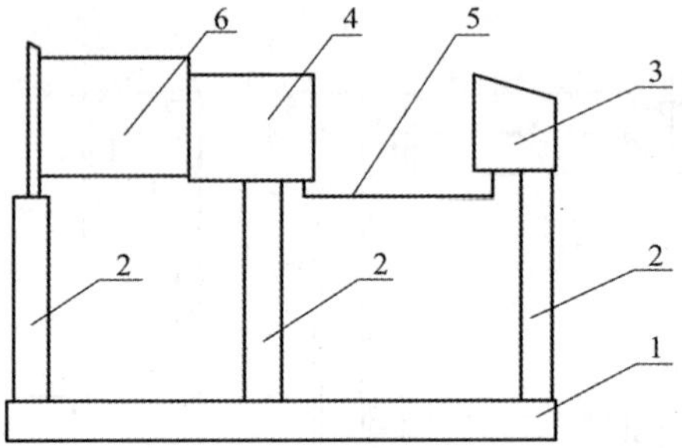

图 2-18　整体结构布置图

1—底架；2—支撑绝缘子；3—隔离开关静端；
4—隔离开关动端；5—开断机构；6—真空灭弧室部分

整体结构采用水平一字串联布置，结构紧凑、简单。中间支撑绝缘子既支撑又转动，两边支撑绝缘子固定支撑。

(2)工作原理

本开关是专为电气化铁路设计的带隔离外断口的负荷开关，由 CJ□电机操动机构操作。

开关本体可分为四个主要部分，中间为开断机构，开断机构左端连接真空灭弧室部分，右端连接隔离外断口，下部为底架和支撑绝缘子。

操动机构的输出轴转动约 128°，通过中间传动轴把转动力矩传给中间支撑绝缘子，也使其转动 128°；中间支撑绝缘子的转动带动开断机构的主轴，开断机构的主轴上有各种拐臂，通过弹簧储能带动真空灭弧室快速合、分，同时带动外断口刀闸拐臂合分，开断机构且保证真空灭弧室先分后合，隔离外断口后分先合。

(3)各部分结构

①真空灭弧室部分

这一部分是开关电性能的关键核心，真空灭弧室安装在瓷套中，该瓷套是为了解决绝缘及保护灭弧室之用，在真空灭弧室与瓷

套之间充有 SF_6 气体，以增强真空灭弧室外绝缘。固定及密封用法兰、螺栓和O形密封圈，真空灭弧室的动导电杆通过滑动触片、导电套与法兰连接。

真空灭弧室为中封结构，玻璃或陶瓷外壳，触头为一对平板圆触头，触头材料采用目前先进的铜铬合金。

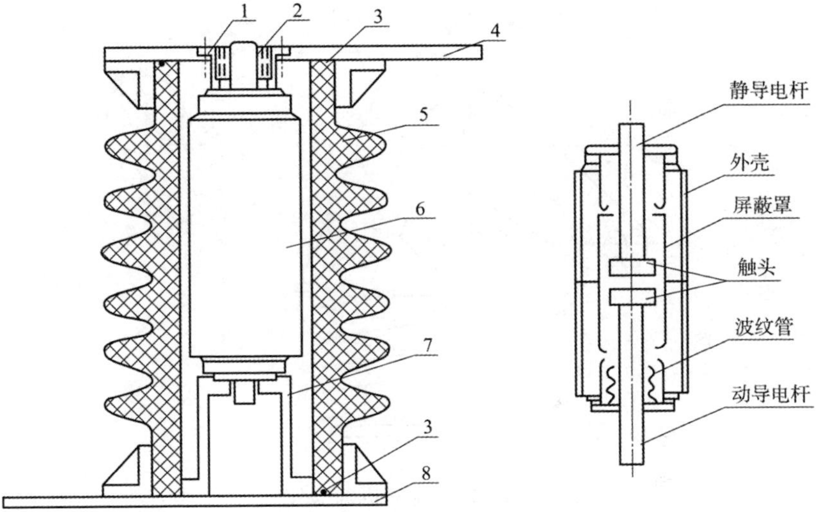

图 2-19　真空灭弧室部分

1—导电套；2—滑动触片；3—O形密封圈；4—出线法兰；
5—瓷套；6—真空灭弧室；7—支撑套；8—出线法兰

②开断机构部分

开关本体中间的圆形箱体内，为开断机构部分（图 2-20），开断机构不仅要满足真空灭弧室的合、分速度要求，而且要保证隔离外断口的分合与真空灭弧室合、分可靠、正确，前、后动作顺序无误。

开断机构主要由转轴和其上的拐臂及各功能元件组成，主转轴由中间支撑绝缘子带动转动，在转动过程中拐臂带动弹簧压缩储能，过中后弹簧释放带动拐臂快速运动，通过接杆与真空灭弧室动导电杆连接，合、分真空灭弧室。同时主轴通过拐臂带动连杆与刀闸动拐臂使隔离外断口合分。

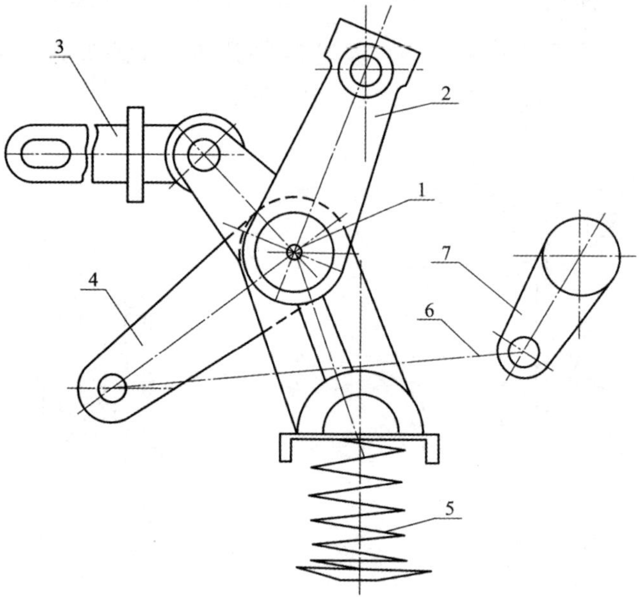

图 2-20 开断机构部分

1—主轴；2、4、7—拐臂；3、6—接杆；5—弹簧

③隔离外断口

隔离外断口部分如图 2-21 所示，主要由隔离刀闸动触头和静触头组成，动触头由动拐臂和圆形动触头连接，动拐臂由开断机构传动力矩使其做合分运动。静触头主要由静触片和出线导体构成，静触头在动触头的带动下，被动地运动，静触头的触片上装有弹簧，保证动、静触头接触压力。

④底架部分

底架由支撑绝缘子的支撑板、槽钢、转动轴和轴承构成，如图 2-22 所示。

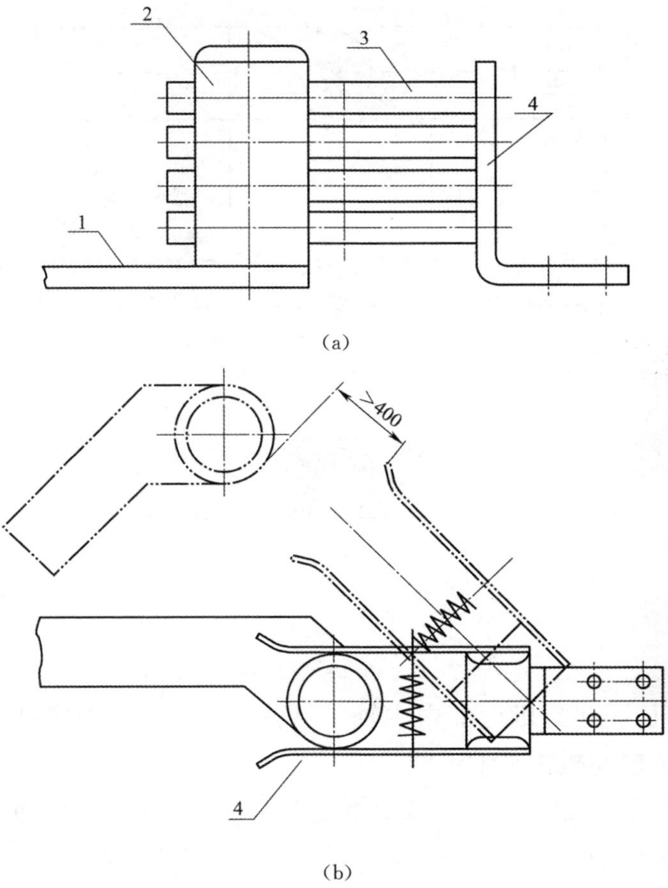

图 2-21　隔离外断口

1—刀闸动拐臂;2—动触头;3—静触头;4—出线导体

转动部分采用向心压力球轴承,保证动作轻快,支撑部分是用钢板和槽钢焊接而成。牢固稳定。

(4)传动与导电系统说明

①传动系统说明

本开关的真空灭弧室先分断,隔离外断口后分断或隔离外断口先关合、真空灭弧室后关合,是由开断机构部中主轴上的拐臂传

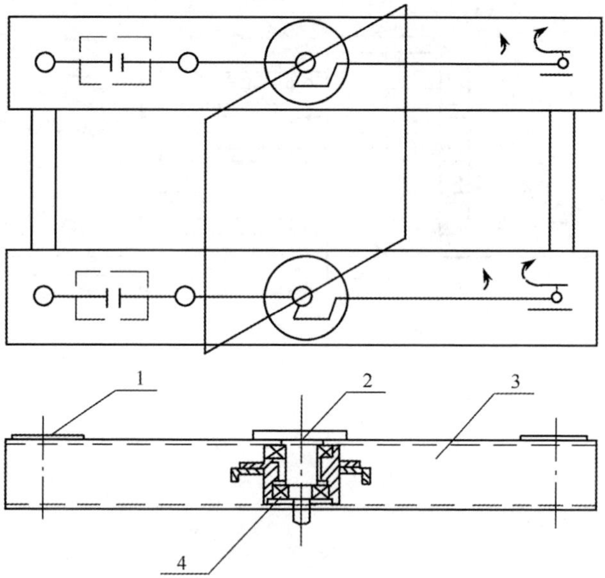

图 2-22 底架部分

1—支撑板;2—转动轴;3—槽钢;4—压力滚动轴承

动来完成,而开断机构部中主轴转动是通过中间支撑瓷瓶和安装连接轴由操动机构来带动的。

FW□-55/27.5/$^{630}_{1\,250}$双极开关的另外一极由拉杆通过前面一极的传动来传动。

②导电系统的说明

首先说明:开断机构部分在合闸时是带电的,与其余部分等电位,但是它不参与导电,导电是由上出线端经真空灭弧室到开断机构部的左端导电法兰,然后经下端导电母线、软连接到隔离刀闸,最后到下出线端,所以开断机构部中的拐臂传动、轴承转动都不存在电损坏问题。参照图 2-23。

(5)单极、双极结构:

①单极结构上面为开关本体,下面为操动机构,中间为中间传动

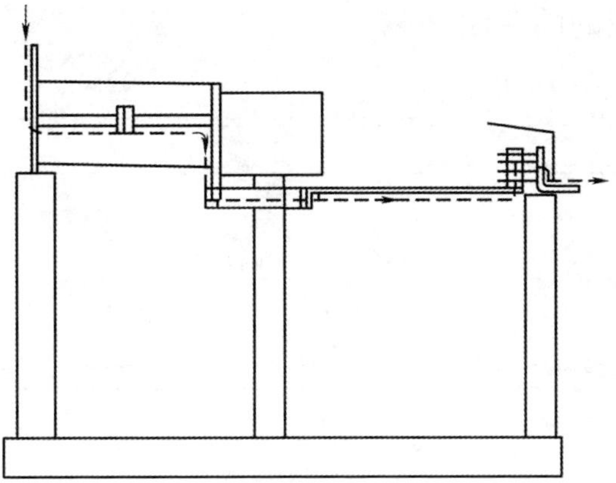

图 2-23　导电系统说明

轴。开关本体结构可分为底架、支撑绝缘子、真空灭弧室部分、隔离外断口部分、开断机构五大部分，各部分结构在前面已做了说明。

中间传动轴如图 2-24 所示，由中间轴和两端活接头组成，中间轴为 $\phi40\times5$ 钢管，可根据实际安装现场确定其长短，两端活接头为十字结构的变向活接头，当安装时上面开关本体的下输出轴与下面的操动机构的上输出轴头中心有偏移时，活接头可保证在一定范围内使传动不受影响。

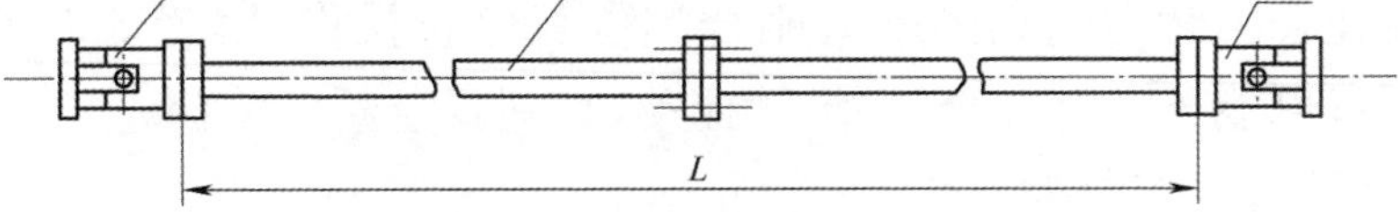

图 2-24　中间传动轴

1—十字活接头；2—中间转轴（$\phi40\times5$ 钢管）

②双极结构用一个操动机构和一套中间传动轴，只是开关本体由两个单极连接组成，另一极的传动由前一级通过拉杆带动，拉杆挂在两极开关中间转动轴的拐臂上，双极中心距为 1 600 mm，两极底架由连接槽钢接连固定成一体，双极的中间拉杆长短可调节，

可以改变两极的同期性。

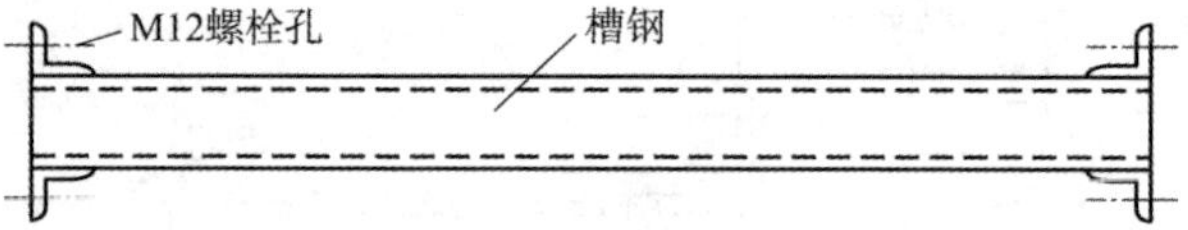

图 2-25　拉杆

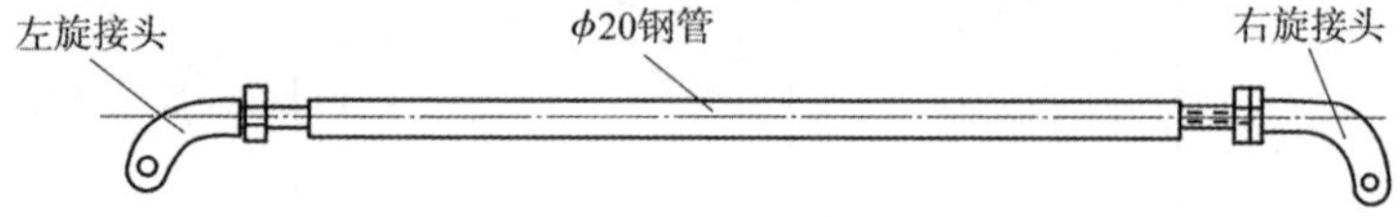

图 2-26　连接槽钢

7. 手动操作方法

手动操作是用摇把与操作机构上的蜗杆咬合来操作的，摇把大约旋转 9 圈，进入关合状态或分闸状态。

表示分、合闸操作到位是操作机构箱外上端的输出接头的指示块分别转到分、合限位螺钉为止。

当手动摇把插入蜗杆时，行程开关切换电路，不可电动。

注意事项：在手动合、分闸时一定要合、分到位，即操作机构的辅助开关转换切断，由于此开关是带隔离外断口的负荷开关，为了保证真空灭弧室先分、后合，隔离刀闸在合、分时有一个来回摆动，不能在合闸时当隔离外断口刚合到位就停止操作，因为此时真空灭弧室可能还没有关合，要继续摇动，直到真空断口关合。

(1)远方控制操作

当手动调试一切正常后可电动操作，电动操作时必须把手动摇把取掉。在操作机构箱上有一个远方、近方控制开关，当打在近方时，就可在当地用操作机构上的合、分、停按钮进行操作，当打在远方时，只能用远方控制室的按钮进行操作。

注意：在第一次电动操作时，一定要靠调试人员的五感来确定开关的工作状态有无异常情况，当认为正确无误时方可投入使用。

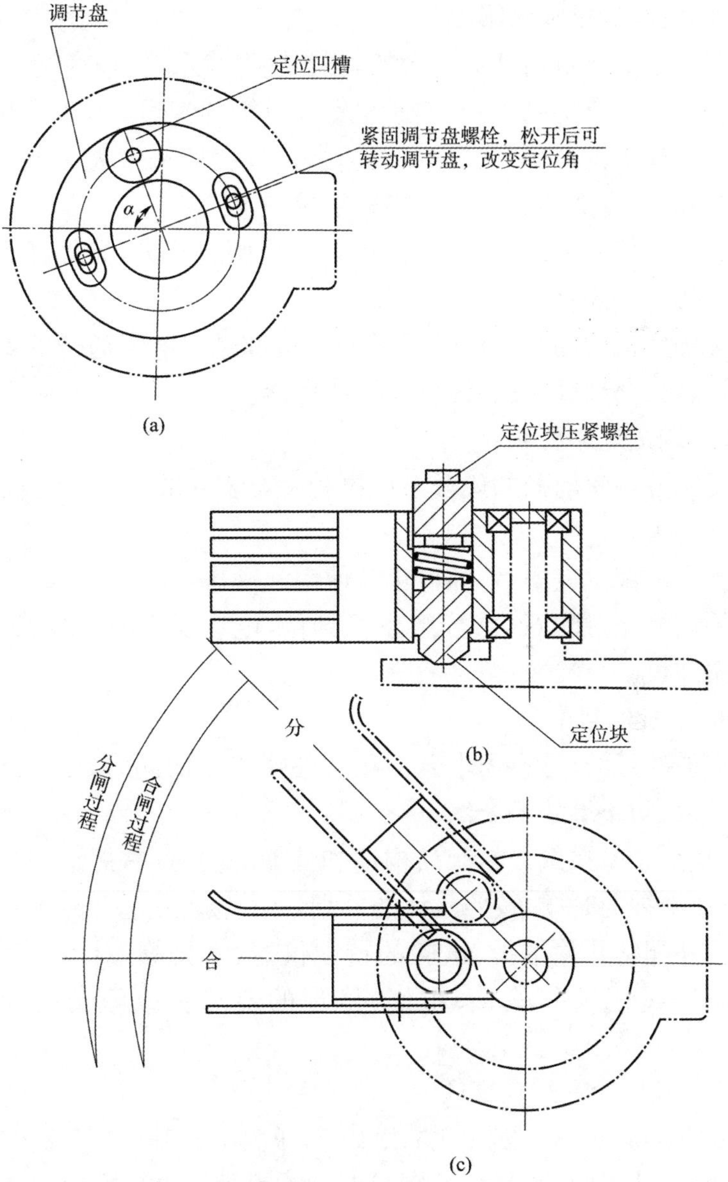

图 2-27　刀闸静触头定位

(2)安装调试注意事项：

①安装隔离负荷开关的台架，要正确寻找水平、垂直度。

②出厂的合格品上都有编号及每一组的记号，如某一开关配用某一操作机构，某一双极开关的拉杆，连接槽钢等为一组都有记号，按照同一台产品的号码粗略地组成一组。

③开关接电网线时，不要让绝缘子受倾斜拉力，另外开关的底座和台架要坚固稳定。

④操作机构的端子和端子架的连接部是主电流通过的重要部位，所以要充分紧固安装螺栓及压线螺栓。

(3)调试顺序要领：

要充分理解前面的说明书后再着手安装调试。

8. 使用

当安装调试完毕后，即可正常使用和操作。

手动操作时注意合、分闸位置到位，电动操作时只要按分、合闸按钮即可。

9. 维护的目的

维护的目的，是在力求开关正常使用工作的同时，尽可能尽早发现异常，防止事故于未然。

因此，希望在熟知本产品构造和性能的同时，掌握适当的维护方法，在维护的时候，按照具体的计划，实行彻底的检查修理。

另外配备开关维护、试验的特须仪器、工具等，对每一个产品都要做经过记录其检查、维修、修理的要点及故障情况年、月、日等。

10. 维护检查注意事项

检查导流通电部的时候，要确认开关无电压，取下地线的同时，切断操动机构的电源，再触摸开关。另外通电部有时留有残余电荷或感应电压，所以一定要把机构箱的底板部接上地线。

11. 维护检查项目及对策

维护检查分为:巡视检查;定期检查;临时检查。

定期检查又可分为普通检查和细致检查,临时检查也要查同样的地方,特别是隔离外的断口部分、可动部分、接触部分受自然条件影响较大,所以这些地方都要求细心检查。

(1)巡视检查(表 2-4)

表 2-4　巡视检查

项	检查项目	检查地点及要点	对　策
1	绝缘子	有无破损及毛病	尽早更换
		有无尘土杂物	严重时应洗净或临时检查时清扫
		积雪	严重时停电清扫
		放电	定期检查时清除
2	导电部分通电及接触状况	注意由于温度升高而使接触部分、触头或软连接氧化变色。另外注意有无发光及吱吱的声响	尽早进行临时检查,查出详细情况原因
		由于关合电流而带来的触头接点烧损	要进行临时检修,调查原因
		隔离外断口动、静触头的相对合、分闸位置,是否能可靠合闸到位	由于风或电动力及以外的外力而使刀闸静触头失去正常位置时,要进行临时检修,给予调整
		有无放电声	定期检查时消除
		有无小动物进入	查看有无小动物巢穴及其他杂物,定期检查时清扫
		各部分有无生锈	进行临时检查,实施防锈措施
		确认开关的状态和表示位置	不准确时,应检查处理
3	漏气	确认漏气处,除有吱吱的声音之外,用肥皂水等确定也是好方法。 确认箱体内有无压力气体时用顶开密封阀听见有丝丝放气声,则认为压力正常,无漏气	确认漏气之后,靠堵止不住时,应临时检查或在定期检查时,进行检修或有必要时更换

续上表

项	检查项目	检查地点及要点	对　　策
4	操动机构	进入雨水	检查门封衬垫，紧固螺栓
		生锈	导电部擦洗，外壳部涂漆
		有无螺栓松扣，开口销等拆损、脱落	加固或更换
5	其他(各种传动、连接零件)	变形、损坏	进行临时检查，给予调整，严重变形损坏时重新更换零件

(2)定期检查修理

为了使隔离负荷开关正常工作，性能良好，和完全尽到隔离负荷开关的使用目的，过一定时期要进行检查修理，这一时期一般定为用年来做标准，可根据用户自己的检修时间定。同时还要根据使用场所的环境、关合操作次数的频繁程度来决定适当的时间间隔。此外，开始使用后，有一开始就不正常动作的情况，所以第一次检查修理要尽早进行，检查修理及要领如表 2-5 所示。

表 2-5　检查修理及要领

序号	项　目	检查部位	检查修理要领	检查时间	备　　注
1	合分检查		此项检查以合分手动，电动试验时合、分到位正常为准	1 年一次	
2	开断、传动、机构检查(普通检查)	整体	有无脱、掉的零件 有无生锈的地方 传动部分有无明显变形	3 年一次	立式垂直安装使用 6 年一次
		真空灭弧室部分	真空度是否良好	6 年一次	用耐压法测
			触头消耗	电寿命完了检查	真空度的复核每操作 2 000 次检查一次
			密封部分零件		
		连杆螺栓	有无异常，紧固松扣情况	3 年一次	
		轴承、转动部分	生锈的地方检修涂黄油，转动摩擦部位加注润滑剂除去锈渍		
3	密封检查	密封外壳	是否漏气，应堵漏或更换密封部分	6 年一次	

续上表

序号	项　目	检查部位	检查修理要领	检查时间	备　　注
4	电接触部分通电导流检查	通电部位	(1)接触面有污浊时擦除、清理。 (2)接触面烧损,焊着时马上更换。 (3)刀闸静触头压力弹簧压力低下时,更换新弹簧。 (4)通电部分固定连接螺栓螺母松的时候,擦清接触面后紧固。 (5)检查生锈脱落及损伤,更换不良零部件,做防锈处理	6年一次	
5	绝缘检查	绝缘子及瓷套	(1)耐压试验,绝缘降低时有必要更换新绝缘子 (2)确认破损、伤残情况,根据其轻重程度进行更换。 (3)确认污染情况,停电清扫,擦洗绝缘子。 (4)绝缘子紧固螺栓松弛时需要紧固	3年一次	
6	传动检查	底座及传动轴	(1)传动是否轻快。 (2)传动轴是否变形、弯曲必要时加以调整。 (3)操作沉重时,应检查底座转动轴承,必要时更换,涂润滑油。 (4)做除锈处理	6年一次	
7	双极同期性	双极拉杆连接部	(1)双极拉杆是否弯曲,不直时要更换。 (2)检查双极合、分闸是否到位,必要时加以调整。 (3)检查传动是否轻快,轻快时继续使用,转动沉重时应润滑及更换必要零件	3年一次	
8	外观	开关机构	(1)检查开关是否倾斜、变形。 (2)接触部分不正常	3年一次	

续上表

序号	项　目	检查部位	检查修理要领	检查时间	备　　注
9	操动机构部分		(1)螺栓松弛的紧固或更换。 (2)侵入雨水时擦干净。 (3)生锈部分除锈或更换。 (4)减速箱传动不轻快时，拆开清洗注润滑油。 (5)电磁离合器的电刷接触部分除锈，调整离合间隙。 (6)进行手动操作，检查是否灵活，合、分指示到位，分、合限位适当。	6 年一次	在动作2 000次之后也应进行检查必须在干净没有尘土的地方分解
			(7)检查接线端子接触是否良好、有无松弛、脱落要紧固更换。 (8)二次绝缘是否良好，更换损坏或烧损部件	3 年一次	500 V 2 MΩ

(3)临时检查

在定期检查以外，在下列情况下有必要进行临时检查修理：

①关合次数达到规定次数时；

②巡视检查发现异常时；

③由于外部环境影响尘土污损严重时，特别是台风后及冬季严重积雪等；

④不合理操作时(担心由于用力过大或操作电压不正常进行关合操作给接触部和机构、绝缘子等带来过度的冲击而损伤时)；

⑤在操作过程中有异常时；

⑥进行超过额定电流合、分时；

⑦有地震、电磁力等异常力产生时。

现以表 2-6 进行详细说明。

表 2-6　临时检查

项	认为有必要临时检查的条件	对策及说明
1	认为巡视检查项 1 而产生的绝缘子上有尘土、积雪等严重而影响绝缘水平时	尽早进行清洗即可；此外希在清洗前后进行绝缘水平测定。 安装在沿海等风吹经常较大的地方使用时，要根据实际情况定期进行清洗
2	发现由巡视检查项 2 而带来的过热状态时	(1)电接触部分的过热原因可认为是： ①接触压力弹簧力降低，而使电弧产生烧损。 ②由尘土覆盖，有害气体腐蚀。 ③接触面氧化而产生接触电阻增大。 ④由于紧固件的松动而产生接触不良。由于过热而产生导体烧损，熔焊时，不能再次使用的要重新更换。 (2)接线端连接部分过热是由于紧固螺栓松弛，要充分紧固，使接触良好
3	有不正当使用操作时	由于用显著的不正常力或操作电压进行操作，从而担心缓冲限位冲击过大，给机构带来损伤时要进行检查。另外当合、分操作有异常举动或合、分力过大，合、分速度过快、过慢时要调查原因
4	当进行到规定关合次数时	(1)进行 10^4 次关合时，应更换真空灭弧室及摩擦转动零件。 (2)这时也要检查电接触及传动部件。 (3)当认为必要时更换一台新的开关
5	地震、电磁力对接线及开关发生作用时	进出线连接和导电部分发生异常大的外力作用时，会造成永久变形和破坏，所以这种情况要对各零件进行检查，进行合、分操作试验检查有无异常情况
6	操动机构有异常声响或转动力不正常时	(1)电机是否工作正常。 (2)离合器是否间隙偏移，吸合力变化、咬合时不正常而打滑。 (3)受外力机构变形
7	开断时发出异常声音	(1)检查传动部分有无变形、断裂。 (2)有无异物卡住。 (3)开断机构内部出现异常，而使灭弧室合、分受到影响，这时要采取适当对策，在密封部分以外(外露部分)可更换修理，在密封箱内有异常时而拆卸到地面操作间进行维修

(4)检修后的试验

检查修理后试验项目和试验内容如表 2-7 所示。

表 2-7 试验项目及内容

项	试验项目	检查部位	内 容
1	电动关合试验(额定电压操作)	开断部分及外断口部分	(1)通过视觉确认工作情况。 (2)确认有无异常声音。 (3)测定动作时间,有无大的差异。 (4)确认关合及分闸时状态是否良好。 (5)用声音确认双极不一致时间有无大差异
2	手动操作试验		(1)用手把关合、分断开关,确认与安装时的操作力比较有无大的差异。 (2)确认合、分指示限位是否正确。 (3)确认辅助开关的转换时间是否与开关合、分相吻合。 (4)确认底座及传动装置有无变形。 (5)有无异常声音。 (6)传动连接是否工作正常,受力有无异常
3	绝缘试验		(1)确认真空灭弧室真空度是否良好。 (2)确认绝缘子是否正常。 (3)确认隔离外断口安全距离

(5)异常情况时的对策(表 2-8)

表 2-8 异常情况时的对策

不正常现象	检查事项	原 因	对 策
不能远方控制操作	(1)电源没有到达操动机构的端子上	断线	接线
	(2)操动机构上的控制开关没有打在应合的位置	忘记打开或关上	打在应该的位置
	(3)手动摇把没有取下	忘拿下	取掉
	(4)电源电压	过低	使其正常
	(5)进线端子上有螺栓松动、脱落、断线		连接、紧固
	(6)离合器电刷接线及接触器线头松断		连接、紧固
	(7)离合器及接触器线圈烧坏		更换线圈

续上表

不正常现象	检查事项	原　因	对　策
隔离外断口刀闸合不上(静触刀分闸时不在定位位置)	(1)隔离刀闸静触头分闸时不在正常位置,而致使合闸时动静触头顶撞。 (2)刀闸静触头触指弯曲、变形	外力作用	调整定位 修理更换
操作装置正常而开关本体不动作	中间传动轴拐臂连接、连杆、拉杆销轴	连接螺栓没有变形、断裂切断脱落	紧固连接更换断裂脱落零件
工作时间异常	操动机构缓冲限位部分 操动机构辅助开关 开关的传动、操作力	移位或碰裂时间差不对年久劣化	修理更换 调整 检查

(三)CJ□型隔离负荷开关电机操动机构介绍

CJ□型电机操动机构是为适配 FW□-27.5/1250 电气化铁道专用隔离负荷开关开发而研制的新型电机构。

1. 概述

CJ□型隔离负荷开关电机操动机构系由交流或直流电动机驱动,通过摆线针轮及蜗轮蜗杆减速的操动机构,主要用于操动 27.5 kV 单相及两相电气化铁道专用隔离负荷开关和电动隔离开关。此型电动机构配有手柄,可以在现场进行手动操作。

2. 使用环境条件

(1)环境温度不高于+40 ℃,不低于−40 ℃。

(2)海拔高度不超过 2 000 m。

(3)没有易燃、爆炸危险、严重污染、化学腐蚀及剧烈震动的场所。

3. 技术数据(表 2-9)

表 2-9 技术数据

电动机	电压(交直流两用)(V)	220/110
	电　流(A)	2.73/5.46
	功　率(W)	360
	转速(最终输出)(r/min)	80
分、合闸线圈(控制)电压(V)		220/110
操作时间(分闸或合闸一次)(s)		<6
输出转矩(kg·m)		50
重　量(kg)		120

4. 工作原理与结构

(1)CJ□型交直流两用电机操动机构采用电动机驱动，通过一套机械减速装置将力矩传递给机构主轴，安装时借助于钢管连接隔离负荷开关进行分、合闸。该机构主要由电动机、机械减速传动系统、电气控制系统和箱壳组成。

电动机为整流子电动机，机械减速系统包括摆线针轮、蜗杆、蜗轮及输出转轴；第三级减速蜗杆端部装有手动摇柄进行手动操作，手动摇柄插入机构时，切断电源，保证安全。

电气控制部分包括空气开关、控制按钮(分、合、停各一个)、直流(或交流)接触器、行程开关、辅助开关、远近动开关等。

箱体由钢板制成，起支撑及保护作用，为便于安装及检修，在正面及侧面共有三个门。

(2)由电气控制系统控制电动机，电动机首先通过摆线针轮传递给第二和第三级蜗轮蜗杆减速。在第二级的蜗轮和第三级的蜗杆之间加有双滑环牙嵌电磁离合器，从而解决了由电机惯性引起的隔离负荷开关过位问题。电动机构分、合闸一次，动作时间<6 s，输出角度 90°～180°可调。机构分、合闸按钮(或由盘上及远方控制)来控制接触器，再由接触器控制电动机，开关到终止位置时，

靠辅助开关切断控制回路电源。“停”按钮供异常情况时紧急停止使用。

(3)隔离负荷开关电机操动机构操作程序如下：

首先闭合电源开关使电流接通。分闸时手按分闸按钮(或远方操动分闸按钮)，将分闸用的接触器的控制线圈接通，接触器常开触头闭合，接通电动机反转电路，电磁离合器吸合，电动机向分离方向旋转，通过摆线针轮或减速器和二极蜗轮蜗杆减速后，将力矩传递给输出主轴，使其转动。当主轴至分离终点位置时，与主轴相连的辅助开关也动作。切断分闸接触器控制线圈电源。接触器恢复原位，电动机电源被切断。分闸信号显示。此时电磁离合器也失电脱开，使第二和第三级传动分离，电动机惯性只能带动前二级空转，而输出主轴没动，确保了开关到位准确。

合闸时按合闸按钮，主轴带动连杆旋转使隔离负荷开关合闸，其程序原理与分闸相同。本机构还设有“停”按钮以满足异常情况下使用。当发生异常情况，可立即按“停”按钮，机构迅速停止转动。

(4)机构主轴下端装有16对接点(8常开、8常闭)的辅助开关，供电器联锁及信号指示用。

为避免当电动机过载、机械卡死或发生意外情况时，烧坏电机、损坏开关，本机构设有空气开关。另外电磁离合器对过载保护起主要作用，一旦开关过载或机械卡死，加在电磁离合器上的力将超过额定值，它将打滑，这时输出轴所承受扭矩和正常状态下相比基本不变，同时通过二次回路有信号反映到盘上。

(5)本机构适用于远动系统装置，实现远动，也可以在电动机构前近动操动，为此本机构设有“远动”与“近动”转换开关(ZK)。当本机构检修调整时须将ZK转换开关拨到“近动”位置，可在机构前任意操动合、分按钮(此时已与远方切断)调整完毕，必须将ZK

拨到“远动”位置，方可进行远动。

本机构箱内可加装交流 220 V 电加热器，用以防寒防潮(此项根据用户是否需要决定取舍)。

5. 安装调整

(1)安装前的准备

①拆箱后检查机构外观是否完整，铭牌数据与订货是否相符。

②将机构内外清理干净后，用手柄手动分合空转数次，检查机构动作是否正常。

(2)将机构装在基架上，安装螺栓先不拧紧，用铅垂线找正，使机构输出轴和隔离负荷开关转动调整到同心，再紧固安装螺栓。

(3)在电动操作前应使机构处于分闸或合闸位置，再按分、合按钮检查电动机构，带动隔离负荷开关旋转至终点位置。若不能，则调整辅助开关上端连接器间隙。

连续电动操动分、合次数不少于 10 次，必须保证隔离负荷开关和电动机构动作正常，二次回路电气联锁信号正确无误，导电接触可靠各有关连接部分不应出现松动现象，机械传动部分传动平稳，无异常情况，至此调整工作才告结束。

6. 使用和检修

(1)产品在正常运行情况下，根据实际情况应定期检修一次。检查下列各部位是否正常。

①用手柄操动，检查机构各传动部分是否灵活，辅助开关能否正常切换。

②所有连接紧固零件有无松动现象，摆线针轮、蜗轮蜗杆、定位件以及电磁离合器有无损坏。

③二次回路连接导线、辅助开关、接触器及电动机等有无损坏，辅助开关、接触器等接触是否良好。

(2)检查完毕后，确信机构各部分一切正常。在转动摩擦部分清除污垢后涂上润滑脂，先手动 3～5 次，再接上电源电动操动数次，只有在隔离负荷开关和电动操作机构动作正常，二次回路各触点正确切换，连锁可靠后，可投入正常运行。

7. 检修工艺

为了使电机操动机构更好地配合远动装置为铁道电气化服务，特拟订以下检修工艺：

(1)检修周期

①变电所值班人员操作时检查(如有异状及时通知检修人员检修)。

②检修人员每季度检修一次。

(2)检修所需工具及材料

①工具

100 mm 扳手一把，200 mm 扳手两把，万用表一块，150 mm 螺丝刀一把，钢锯一把，250 g 手锤一把，25 W 电烙铁一把，拉轮器一付，以及皮老虎、毛刷、棉纱、细纱布等有关工具。

②装备一定数量的机构材料配件

交、直流接触器，双滑环牙嵌电磁离合器(5 kg)及电刷，红、绿按钮，钮子开关，辅助开关(8 常开、8 常闭)行程开关，电机碳刷，瓷釉绕线电阻(270～330 Ω/150W)、防冻黄油、导线(1.5 mm^2)等。

③检修人员应在二人以上，安全等级符合规定。

(3)检修范围

①机械部位

a. 清扫壳体外部的油污及尘土。

b. 用皮老虎吹扫机构内尘土，擦去传动箱体外油污以及电磁离合器表面脏物。

c. 拆开传动箱盖，在蜗轮及蜗杆转动接触部位和两端轴承内涂抹适量防冻润滑脂，并检查蜗杆、轮轴是否有窜轴现象，如有窜动，应拆卸其端盖加以适度的硬纸垫盖上拧紧，且应保持转动灵活。

d. 第二级传动箱检修工艺同 c. 条。

e. 检查电磁离合器间隙，不得大于 2 mm，并需保持片间平行，轴向偏差不得大于 0.5 mm，如有偏差，应在安装座下加垫找平。

f. 检查输出连接应无间隙，裂纹及扭曲现象，否则应予更换或修复。

g. 检查门上密封条是否良好，否则应修复或更换。

h. 更换电磁离合器时，切断所有直流控制电源，拆下开关与机构连接螺栓，拆下电机进出线（3 号、4 号、5 号、6 号）及离合器电刷架，卸下按钮板及行程开关均置于箱体内适当位置，卸松抱箍螺母，使机构下落后，两人托住箱体内传动箱体，两人拆去其箱体后的固定螺栓，抬出传动箱（同电机一体）搁置于平台上，拆下电机、第二级传动箱，用拉轮器拔出电磁离合器，待换相应大小新电磁离合器。

更换新电磁离合器时选用松紧合适的备件，太紧容易敲损，太松容易窜位，敲打时应在离合器中间位置垫一木块，以免打伤齿部或线圈，并边转边敲，敲至轴上台阶为宜，组装第二级传动箱体时按 3—1—5 的顺序进行，而后按拆卸相反顺序组装机体等，并作通电试验及调试整机。

②电器部位

a. 检查所有接线端子接线及螺栓有无松动。

b. 检查按钮板上开关，按钮接线等是否有松动。

c. 拆开接触器罩，检查其触点是否有灼烧放电痕迹，轻微者用细纱纸（布）打磨复原，并检查吸合，释放触头是否闭合良好，应无卡劲或接触器释放弛缓等现象，且接触器接线应无松动。

d. 检查辅助开关各点接线是否有松动，用手摇把连续分、合机构数次，听辅助开关切换声音应清脆响亮，辅助开关上盖不得有裂纹等，紧固辅助开关上的紧固螺栓。

e. 检查电磁离合器线圈阻值，5 kg 电磁离合器阻值不得小于 30 Ω，用 500 V 兆欧表测量线圈对地电阻，不得有对地击穿现象，检查其分压电阻 R_1 阻值不得小于 270 Ω，且无脱焊虚接现象。

f. 电磁离合器电刷与滑环接触良好，并具一定压力，电刷长度不得小于 3 mm，且无偏磨和卡劲现象。

g. 拆下电机，卸下手动轮，打开电机顶盖，清洁整流子上的碳粉，检查电刷是否良好，碳刷不得有歪斜，碳刷与整流予接触面不得小于碳刷截面的 75%，碳刷长度不得小于 3 mm，并无卡劲现象，否则应予更换。检查无误后恢复原状。

h. 打开行程开关盖板，检查接点是否有灼伤，接线螺栓是否有松动，处理完毕后，插上手摇把，其接点应断开，否则应调节行程开关内部调节螺钉，使之达到目的。

(4)通电试验(调试)

所有机械、电器部件检查处理完毕确认无误后，方可通电试验。

用手摇把，分合开关数次，观察其角度，如角度不符，应左右调整辅助开关上方输出调节环的位置，使合分角度正确。

(5)注意事项

①维护、检修机构时，不得带电操作(高压或交、直流控制电源)。

②在操作机构过程中，凡遇有：电机不转，电机不停或按下按钮刚机构(开关)无动作反应，或过位、欠位、冒烟、有异音、异位等情况时，都应立即关断机构电源开关 ZK_1。有过位或欠位情况时，应立即采取手摇措施或其他安全措施，以免发生烧损设备和人身安全事故。

③维护、检修设备时，必须按段规、调令严格执行。

(四)普速线接触网上两种常见的隔离开关

接触网中,为了检调、抢修等停电作业和在接触网下进行其他工作的方便和安全等,而安装隔离开关。常用的有带接地闸刀隔离开产和无接地闸刀隔离开关。目前所用的带接地闸刀隔离开关多为 GW4-25/630TD 型和 GW4-27.5DT 型,无接地闸刀隔离开关为 GW4-25/630T 型。带接地闸刀的 GW4-25/630TD 型和 GW4-27.5DT 型隔离开关一般安装在车站的货物线,电力机车折返段和整备线等需频繁操作之处;无接地闸刀 GW4-25/630D 型隔离开关安装于车站两端的四跨电分段、分相电分段、馈电线、捷接线等不需经常操作的地方。两者的主要差别就是一个有接地闸刀,而一个没有接地闸刀。图 2-28 即为 GW4-27.5DT 型隔离开关。

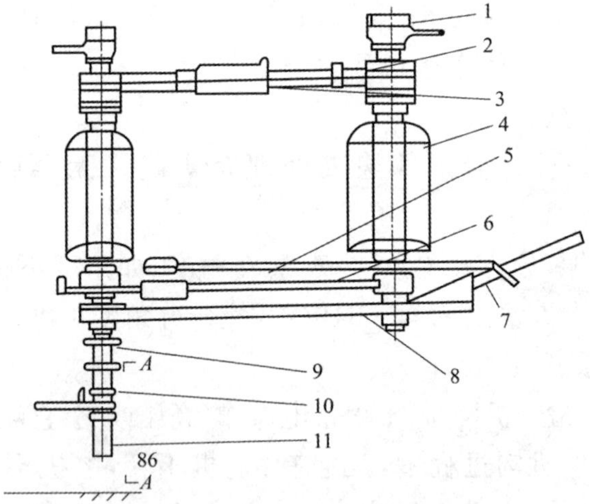

图 2-28　GW4-27.5DT 型隔离开关

1—出线座;2—接地开关触头;3—(主)触头;4—支柱绝缘子;5—接地开关拉杆;6—连动杆;7—接地开关闸刀;8—底架;9—连接钢管;10—销子;11—手力操作机构

其底座由槽钢构成,两端分别固定一个铸铁轴承座。每个轴承座的转动板上分别固定一个瓷质的实心绝缘支柱。主闸刀是水平转动的,分成两半,分别固定于一个绝缘支柱顶部;主闸刀的触头为指形,并加罩以防雨、尘、冰雪的影响。在主刀闸的根部,连接分线端。开关底座的一端应固定接地闸刀。其操作形式为手动式。开关被操作时,操作机构带动一个绝缘支柱转动稍大于 $\pi/2$ 的角度(一般为 91°)。同时,由于交叉连杆(连动杆)的传动作用,使另一个绝缘支柱反向转旋同一角度,于是主闸刀的两段向同一侧方向分断或闭合电路。接地闸刀垂直旋转,以将被控制侧与地接通或断开。此开关的接地闸刀与主闸刀之间是联动的。

整个隔离开关的运动情况是:推动隔离开关操作手柄使主闸刀断开,主闸刀分断后,接地闸刀的触头在机械作用下,向上立起,并与接地闸触头接通。这样,就把出线端一侧接地,以便停电检修、抢修以及在接触网下进行其他作业。隔离开关闭合的运动情形恰好相反,拉动隔离开关操作手柄,接地闸刀动触头从静触头上分开,接地闸刀旋至水平。在机械作用下,主闸刀闭合,被停电区域恢复送电。总之,GW4-27.5DT 型隔离开关的动作程序是,断开时:主分→地合,闭合时:地分→主合。

GW4-25/630T 型隔离开关同 GW4-27.5DT 型隔离开关结构的不同之处就是 GW4-25/630T 型隔离开关比 GW4-27.5DT 型隔离开关少了接地闸刀,其他都一样。

正因为 GW4-25/630T 型隔离开关没有接地闸刀,因此,在进行隔离开关操作的前后,还要取挂接地线。取挂接地线是一件十分棘手的事情,只要稍有疏忽,就会造成设备甚至人身安全事故。所以必须要弄清楚所操作的隔离开关的控制区域。只有弄清哪一侧停电,才能接挂接地线。

无接地闸刀隔离开关倒闸作业程序是:断开时,先拉开隔离开关,再将停电侧直接接地。合闸时程序刚好相反,先拆除接地线,再合上隔离开关。

二、武广高铁上使用的隔离开关

目前，在武广线上使用的隔离开关主要是 SR16200-27.5kV-2000A 型户外单、双极隔离开关以及 IT25N27.5kV/2000A 户外双极负荷隔离开关，现分别进行简单介绍。

(一)SR16200-27.5kV-2000A 型户外单、双极隔离开关

1. 开关组成

SR16200-27.5kV-2000A 型户外单、双极隔离开关主要由隔离刀、开关底座、支持绝缘子组成。

2. 主要技术指标

额定电压：27.5 kV/50Hz

额定电流：2 000 A

额定短时耐受电流：40 kA(1s)

额定峰值耐受电流：104 kA

额定工频耐受电压(1 min)：相对地　36 kV
　　　　　　　　　　　　断口间　100 kV

雷电冲击耐受电压：相对地　250 kV
　　　　　　　　　断口间　450 kV

主回路电阻：35 μΩ

机械寿命：2 000 次(开和关)(如有需求可达更高值)

3. SR16200-27.5kV-2000A 型户外单双极电动隔离开关安装图(图 2-29，图 2-30)

(二)IT25N27.5kV/2000A 户外双极负荷隔离开关

1. 开关组成

IT25N27.5kV/2000A 户外双极负荷隔离开关主要由隔离刀、开关绝缘拉杆、真空灭弧室、开关底座、支持绝缘子组成。如图 2-31 所示。

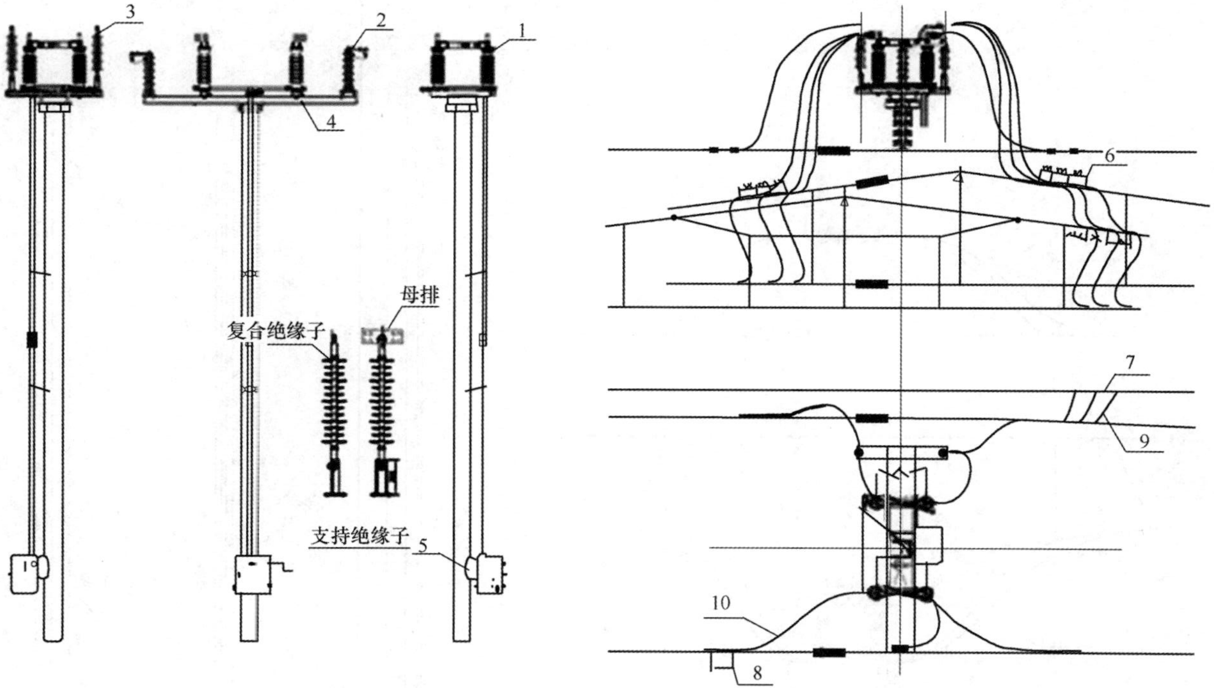

图 2-29　SR16200-27.5kV-2000A 型户外双极电动隔离开关安装图

1—双极电动隔离开关；2—氧化锌避雷器；3—支持绝缘子；4—开关托架；5—操作机构支座；6—承力索电连接线夹；7—接触线电连接线夹；8—并沟线夹；9—电连接线；10—电连接线

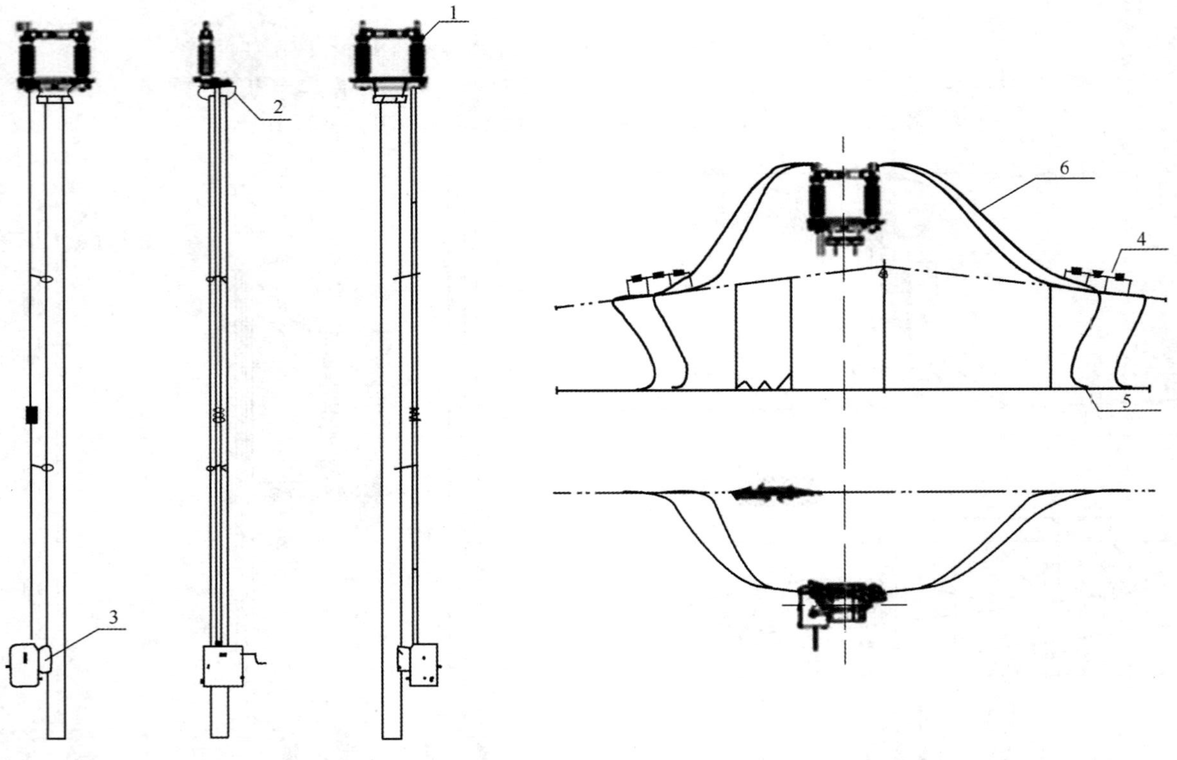

图 2-30　SR16200-27.5kV-2000A 型户外单极电动隔离开关安装图

1—单极电动隔离开关；2—开关底座；3—操作机构支座；4—承力索电连接线夹；5—接触线电连接线夹；6—电连接线

图 2-31 IT25N27.5kV/2000A 负荷隔离开关组成

2. 主要技术指标

额定电压:27.5 kV/50 Hz

额定电流:2 000 A

额定短时耐受电流:31.5 kA(3 s)

额定峰值耐受电流:80 kA

额定工频耐受电压(1 min):相对地 95 kV
断口间 110 kV

雷电冲击耐受电压:相对地 250 kV
断口间 290 kV

主回路电阻:45 $\mu\Omega$

机械寿命:10 000 次

雷电冲击耐受电压:相对地 250 kV
断口间 290 kV

主回路电阻:45 $\mu\Omega$

机械寿命:10 000 次

3. 外形尺寸(图 2-32)

4. IT25N27.5 kV/2000 A 户外双极负荷隔离开关安装图(图 2-33)

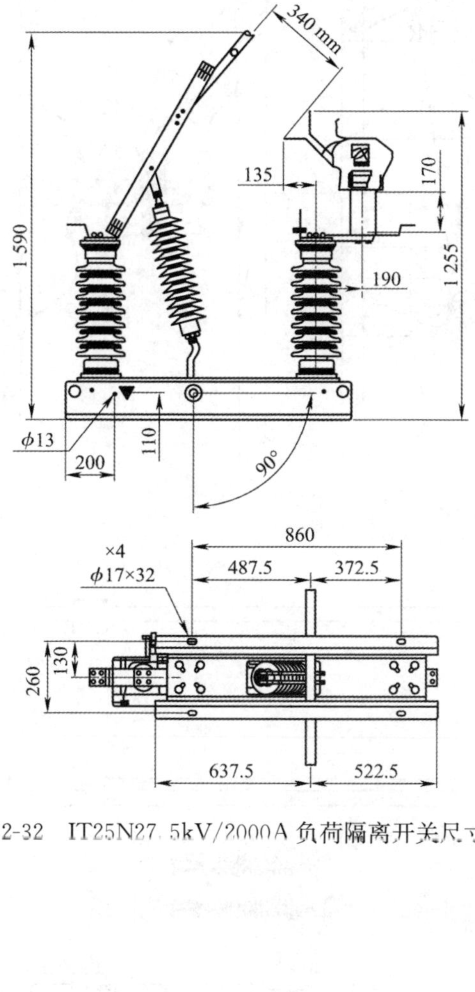

图 2-32　IT25N27.5kV/2000A 负荷隔离开关尺寸图

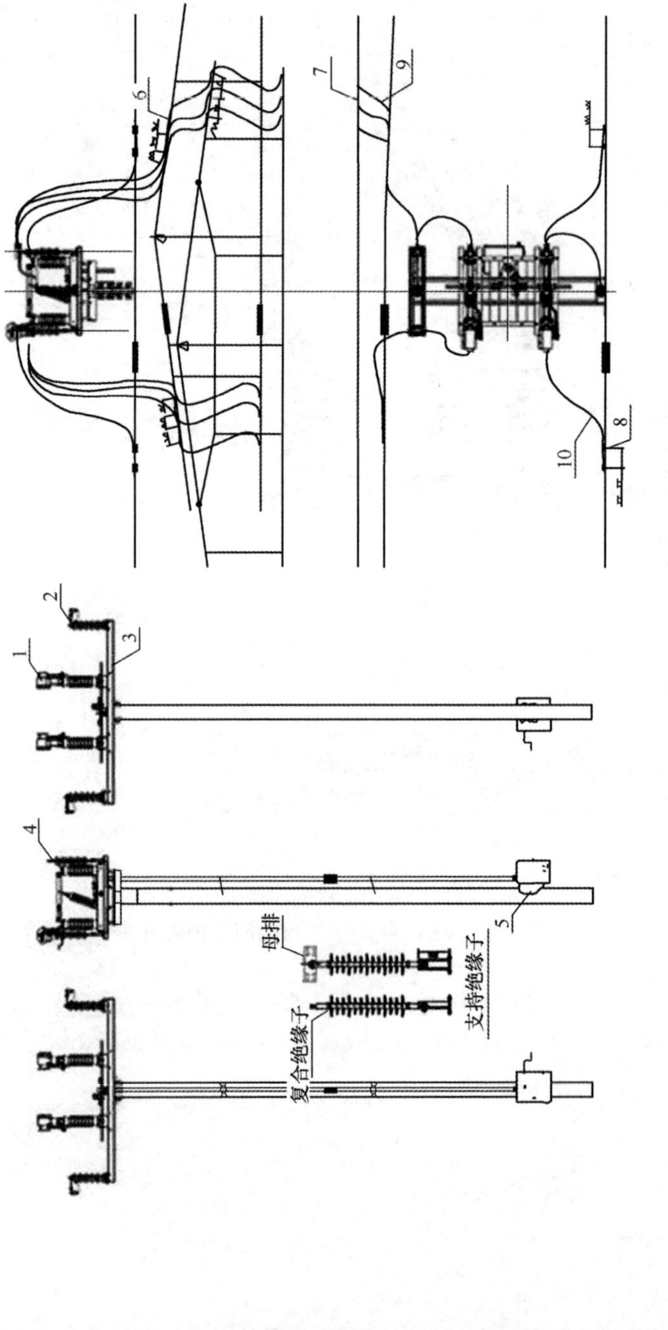

图 2-33 IT25N27.5kV/2000A户外双极负荷隔离开关安装图

1—双极电动负荷开关；2—氧化锌避雷器；3—支持绝缘子；4—开关托架；5—操作机构支座；6—承力索电连接线夹；7—接触线电连接线夹；8—并沟线夹；9—电连接线；10—电连接线

第三章　隔离开关操作

一、隔离开关倒闸人员基本要求

1. 凡从事隔离开关倒闸操作的人员，必须经专门的培训和通过安全操作考试合格后，发给隔离开关操作证，方可担任倒闸工作。隔离开关倒闸作业人员的培训、考试、发证均由供电段担任。所发放的隔离开关操作证必须有供电段的公章、职教科负责人签字以及编号才能生效。

2. 担任隔离开关倒闸作业人员安全等级不得低于三级。对取得隔离开关操作证的人员，供电段负责每年进行一次安全规章考试，同时对所发放的隔离开关操作证进行一次复审签认。如隔离开关操作证超过一年没有填签的，则按作废处理。

3. 隔离开关倒闸作业时，必须有两人在场，一人操作、一人监护。操作人员由车站助理值班员、作业员、站务员、装卸员或机车司机等担任，监护人员由值班员（助理值班员）担任。

4. 持有隔离开关操作证的人员的操作范围仅限于本单位有权操作的隔离开关。

二、隔离开关倒闸程序

1. 接触网作业人员进行隔离开关、负荷开关倒闸时，必须有供电调度的命令；对车站、机务段或路外厂矿等单位有权操作的隔离开关，在向供电调度申请倒闸命令之前，要令人须向该站、段、厂、矿等单位主管负责人办理倒闸手续。

2. 在申请倒闸命令时，先由安全等级不低于三级的要令人向供电调度提出申请，供电调度员审查后，发布倒闸命令；要令人受令复诵，供电调度员确认无误后，方可给命令编号和批准时间；每次倒闸作业，发令人要将命令内容等记入“倒闸操作命令记录”中，受令人要填写“隔离开关倒闸命令票”。

倒闸操作命令记录

______年

命令号	月日	命令内容	发令人	受令人	操作卡片	要求完成时间	批准时间	消令时间	消令人	供电调度员

倒闸操作命令记录

隔离开关倒闸命令票 第　　号

1. 把__________车站(或区间)第________号隔离开关闭合或断开。
2. 再将__________车站(或区间)第________号隔离开关闭合或断开。

发令人：　　　　受令人：

批准时间：　　时　　分　　日期：　　年　　月　　日

图 3-1　隔离开关倒闸命令票

3. 隔离开关操作前，监护人员或操作人员必须穿戴好规定的绝缘靴和绝缘手套并且戴好安全帽。

4. 监护人员和操作人员应共同确认开关号、开关所处状态(开位和合位)及传动装置正常、接地线良好,方准按程序操作。

5. 隔离开关操作开合到位后,传动机构必须加锁。钥匙存放固定地点,专人保管并有标签,注明开关号码,一台开关一把锁,其钥匙不得相互通用。

6. 倒闸作业完成后,确认开关开合状态无误,操作人向要令人通报倒闸结束,由要令人向供电调度员申请消除倒闸作业命令。供电调度员要及时发布完成时间和编号并记入“倒闸操作命令记录”中,要令人填写“隔离开关倒闸完成报告单”至此倒闸作业方告结束。

隔离开关倒闸完成报告单 第 号

根据第________号倒闸命令,已完成下列倒闸:

1. ______车站或______区间第______号隔离开关已于____时____分闭合或断开。

2. ______车站或______区间第______号隔离开关已于____时____分闭合或断开。

倒闸操作人: 受令人: 发令人:

完成时间: 时 分 日期: 年 月 日

图 3-2 隔离开关倒闸完成报告单

分闸程序:倒闸命令—开锁—分闸—验电—挂地线—悬挂标示牌—落锁。

合闸程序:命令—开锁—取标示牌—取地线—合闸—验电—上锁。

三、隔离开关操作步骤

电气化铁路隔离开关按照操作方式的不同,可以分为手动隔离开关和电动隔离开关,二者的区别在于具体的操作步骤上。

（一）手动隔离开关操作步骤

1. 手动隔离开关操作之前，操作人员先办理完登记手续，由监护人和操作人员共同按规定取出钥匙，共同确认开关号、开关所处状态（开位和合位），同时确认传动装置正常，接地线良好。

2. 监护人员和操作人员按规定穿戴好绝缘靴和绝缘手套并且戴好安全帽。

3. 操作人员用钥匙将锁打开，迅速操作手动操动机构，一次开闭到底。

4. 监护人员与操作人员共同确认隔离开关分（合）到位后，方可停止操作。

（二）电动隔离开关操作步骤

电动隔离开关操作分为三种操作方法。

远动操作：电动隔离开关操作以远方操作为主，当远方操作出现故障时，要及时通知供电段调度，同时采用近动操作。

近动操作：近动操作是在机构箱操作。

手动操作：当以上两种方法都出现故障时，方可采用手动操作，使用摇把摇动隔离开关使其关闭或打开。

1. 电动隔离开关远动操作

（1）远动操作之前操作人员办理登记手续，由监护人和操作人员共同按规定取出钥匙，双方要先确认电动隔离开关当前位置（分位、合位），且控制盘开关位置指示灯与开关位置相对应，确认室外（室内）电动隔离开关位置，室内操作按钮指示灯。

（2）将钥匙插入相对应的隔离开关电源钥匙孔，扭向开位。

（3）远操作人员按下相对应电动隔离开关的分（合）操作按钮（点触式）。相应电动隔离开关即能按指令自行动作。开关到位后，控制屏相应位置指示灯亮。

（4）操作完成后切断相应电动隔离开关的操作电源（控制屏上

钥匙开关)，钥匙保存在相应的位置。

(5)监护人员与操作人员共同确认室外电动隔离开关位置后，方可按规定进行装卸作业。

2. 电动隔离开关近动(当地)操作

当电动隔离开关远方操作故障时，在室外机构箱上的操作程序叫近动操作。

(1)由监护人员和操作人员共同打开相应开关的安全锁并接通电源。

(2)打开室内远方操作钥匙电源开关，取出对应的室外机构钥匙，打开室外机构箱。

(3)操作人员与监护人员共同确认开关位置，这时在机构箱内要把远方近动开关打到近动(当地)位置，电源开关在开位，加热开关在关闭位置状态。

(4)按需要操作要求：按下机构箱内控制面板上是分、(合)按钮，相应的电动隔离开关即能按指令自行动作，同时开关到位后，控制屏相应位置指示灯亮。

(5)确认电动隔离开关位置(分、合)，确认控制屏开关位置指示灯显示正确，拔下室内电源钥匙，把钥匙存放在规定地点。

(6)监护人员与操作人员共同确认室外电动隔离开关位置后，方可按规定进行装卸作业。

3. 手动操作

当电动隔离开关远动操作和近动操作出现故障时，可采取手动方式操作。

(1)关闭室内钥匙开关，关闭室外机构箱内电源开关，取出手摇把。

(2)断开室外电动隔离开关机构本体内电源开关。

(3)用手摇把操作电动隔离开关使其分、合至目的位置，监护人员和操作人员共同确认开关到位后，方可停止操作。

四、验电接地相关规定

1. 验电和装设、拆除接地线必须由两人进行，一人操作、一人监护。在封线接地前，应先对隔离开关控制区域验电，经验电后确认接触网无电后，挂好地线才能进行作业。

验电：站在接触网下，高举验电器，看验电器有无声、光信号发出，若没有则确认已经停电，有则要查明原因及时向电力调度报告，在没有弄清之前，不得进行作业。

2. 接地线应使用截面积不小于 25 mm^2 的裸铜绞线制成并有透明护套保护。接地线不得有断股、散股和接头。

3. 装设接地线时，人体不得触及接地线，接好的接地线不得侵入建筑限界。连接或拆除接地线时，操作人要借助于绝缘杆进行。绝缘杆要保持清洁、干燥。

4. 在装设接地线时，将接地线的一端先行接地；再将另一端与被停电的导体相连。拆除接地线时，顺序相反。接地线要连接牢固，接触良好。

五、绝缘工具的使用与保养

1. 验电器验电前，应将验电器拿到带电设备处检验其是否良好。

2. 隔离开关操作人员在穿戴绝缘用品之前，须认真检查有无损坏，并用清洁干燥的抹布擦拭有效绝缘部分后，再用 2 500 V 兆欧表分段测量（电极宽 2 cm，极间距 2 cm）有效绝缘部分的绝缘电阻，不得低于 100 mΩ，或测量整个有效绝缘部分的绝缘电阻不低于 10 000 mΩ。

3. 绝缘工具要放在专用的工具室内；室内要保持清洁、干燥、通风良好。对绝缘工具要有防潮措施。

4. 绝缘工具在运输和使用中要经常保持清洁干燥，切勿损伤。使用管材制作的绝缘工具，其管口要密封。

5. 绝缘靴和绝缘手套等绝缘防护用具，每 6 个月由各站、段送供电段检查和试验一次。

六、倒闸安全注意事项

1. 遇有危及人身和设备安全的紧急情况，可以不经供电调度批准，先行断开断路器或有条件断开的负荷开关、隔离开关，并立即报告供电调度。但再闭合时必须有供电调度员的命令。

2. 严禁带负荷进行隔离开关倒闸作业。隔离开关可以开、合不超过 10 km(延长公里)线路的空载电流，超过时，应经过试验，报铁路局批准。

3. 带接地闸刀的隔离开关使用主闸刀应经常处于闭合状态，因工作需要断开时，当工作完毕须及时闭合。

主闸刀和接地闸刀分别操作的隔离开关，其断开、闭合必须按下列顺序进行：

(1)闭合时要先断开接地闸刀，后闭合主闸刀；

(2)断开时要先断开主闸刀，后闭合接地闸刀。

4. 雷电和雷电来临时，严禁进行隔离开关的操作。

5. 隔离开关控制区域内有电力机车取流和机车没有降弓时，严禁进行隔离开关操作。

七、隔离开关常见损坏及操作故障

隔离开关的损坏故障有操作机构、主闸刀、支柱绝缘子以及隔离开关有关的其他部件损坏。下面主要介绍主闸刀、支柱绝缘子、引线等损坏及操作不当引起的接触网事故。

1. 隔离开关的支柱绝缘子破损或脏污造成绝缘子闪络击穿，使接触网对地短路，引起变电所馈线断路器跳闸。

2. 隔离开关引线与设备线夹、接触网上线夹接触不良，烧坏线夹或烧断引线、接触网设备。设备线夹与隔离开关接触不良，烧毁线夹或隔离开关供电上网线夹安装不正，超出线面被受电弓打掉造成引线脱落。

3. 隔离开关引线弛度大或无弛度，气温下降的寒冷天气，引线拉力过大，将引线拉断或将设备线夹拉折，支持绝缘子折断。

4. 隔离开关引线弛度大，引线距接地体绝缘空气间隙不够放电或间隙击穿，造成接触网事故。

5. 接触网有电，在接地闸刀闭合情况下强行合主闸刀，造成引线烧断或隔离开关主闸刀触头烧损，支持绝缘子爆炸。

6. 专用线、装卸线等地位开关装卸作业，电力机车闯无电区烧损分段绝缘器，接触网短路接地，烧损隔离开关。

7. 在线路上有电力机车取流情况下进行隔离开关开、闭操作，电弧烧损隔离开关或支持绝缘子爆炸。

第四章　隔离开关巡检维护与应急处理

运行中的隔离开关可能出现的异常现象主要有：(1)接触部分过热。由于拧紧部件松动，刀闸触头合的不严或接触不良，造成过热或刀闸触头熔焊。(2)支柱绝缘子外伤、硬伤。(3)在污秽严重或过电压情况下，发生闪络、放电、击穿接地现象，引起烧伤痕迹。严重时发生短路，造成支持绝缘子爆炸。

如果隔离开关存在缺陷时，那么将有可能造成以下的后果(指35 kV 电压等级的隔离开关)：

(1)隔离开关的支柱绝缘子(即绝缘瓷柱)破损或脏污严重，当接触网上有过电压或环境潮湿时，会使支柱绝缘子闪络或击穿爆炸，从而造成接触网接地短路事故。

(2)隔离开关主刀闸触头之间、设备线夹与隔离开关引线板之间接触不良，会烧伤、烧毁刀闸触头或引线板，使隔离开关毁坏；烧毁设备线夹使隔离开关引线断落，造成接触网接地短路。

(3)合闸时两主刀闸触头旁击、刀闸间不水平或中心线不吻合，一方面合闸时会打坏主刀闸触头；另一方面造成接触不良或接触载流面不够，会使隔离开关烧毁。

(4)接触压力不符合要求，刀闸触头间接触不良或操作不灵活打坏刀闸触头。主刀闸合闸后回弹，会出现刀闸触头接触不良、接触载流面不够、刀闸触头处于未接触状态等情况，进而造成隔离开关烧毁。

(5)隔离开关分闸时，其分闸角度远小于 90°，一方面造成带电部分与接地部分距离不够，另一方面造成主刀闸、接地刀闸机械闭锁不可靠。

(6)双极隔离开关不同步,一方面会产生操作过电压,另一方面会打坏或烧毁一极刀闸触头。

因此,对于运行中的隔离开关必须做好巡检与维护保养工作。

一、步行巡视运行中隔离开关的方法

步行巡视隔离开关时,应按以下方法进行:

(1)人员行走至隔离开关安装处时,从不同角度对隔离开关的安装及运行状态进行地面观察。

①观察隔离开关的瓷柱是否清洁,有无油污、破损及放电现象,瓷釉剥落面积是否超过 300 mm^2,铁件防腐层是否完好。

②在合闸状态时,观察合闸角度是否符合要求(即两刀闸中心线是否在同一直线上);在分闸状态时,观察分闸角度、是否符合要求(即 90°+1°)。若合闸或分闸角度不符合要求,视情况向电力调度报告或申请停电点进行处理。

观察隔离开关分合闸状态时,同时观察刀闸及其触头运行状态,即有无烧伤现象。如因合闸角度不符合要求导致刀闸或触头间有放电(如触头未接触或似接非接等)现象或烧伤情况,则向电力调度报告并申请停电点进行处理。

(2)观察隔离开关电连接器、各部线夹运行状态,即观察电连接线有无断股、烧伤现象,观察各部线夹的连接固定状态是否良好、有无烧伤现象、各部螺栓是否紧固。

进行以上观察时,同时观察电连接线弛度,即观察电连接线是否出现无弛度现象(对隔离开关瓷柱的拉力大)或弛度过大现象(对地或其他位置绝缘距离小)。如有缺陷,视情况报告电力调度或申请停电点处理。

(3)观察操作机构状态及其机械闭锁情况,同时观察各部件是否齐全，是否加锁。

二、隔离开关的检修内容

(1)检查绝缘瓷柱是否有破损、裂纹、放电痕迹，绝缘瓷柱转动是否灵活。

(2)用塞尺检查刀闸触头、设备线夹与隔离开关引线板接触是否密贴、良好。检查螺栓是否紧固、有油。

(3)打开隔离开关，测量主刀闸分闸角度、分闸止钉间隙，检查主刀闸触头有无烧伤、扭曲、麻点等。带接地刀闸的隔离开关，检查接地刀闸合闸状态是否符合要求。

(4)闭合隔离开关，检查是否有回弹现象，主刀闸触头接触压力是否均匀、合闸止钉间隙是否为 1～3 mm；检查两刀闸是否水平、中心线是否呈直线、合闸过程中是否旁击。带接地刀闸的隔离开关，检查接地刀闸分闸角度是否符合要求。

(5)双极隔离开关是否同步，刀闸位置是否一致。

(6)测量一次操作隔离开关在分闸过程中带电部分与接地部分任何一点空气间隙，均不得小于 400 mm。

(7)带接地刀闸的隔离开关，测量主刀闸与接地刀闸在联动过程中任何一点的瞬时空气间隙，均不得小于 400 mm。

(8)检查引线松紧是否适当，各处距离是否符合要求。

(9)检查操作机构转动是否灵活。检查带接地刀闸隔离开关操作机构的联动、闭锁是否正确、可靠。

(10)操作机构和隔离开关转动部位是否注润滑剂凡士林。

(11)各部螺栓是否有锈蚀、是否涂油。铁件是否有油漆剥落、锈蚀。

(12)各线路具体检修作业标准见附录一、附录二。

三、《接触网运行检修规程》中规定的技术要求

第 90 条 隔离开关的技术状态应符合下列要求：

1. 隔离开关应动作可靠、转动灵活，合闸时触头接触良好，引线和连接线的截面与开关的额定电流及所连接的接触网当量截面相适应，引线不得有接头。

2. 隔离开关的触头接触面应平整、光洁无损伤，并涂以导电介质。

3. 隔离开关的分闸角度及合闸状态应符合产品的技术要求。

4. 隔离开关操作机构应完好无损并加锁，转动部分注润滑油，操作时平稳正确无卡阻和冲击。

5. 引线及连接线应连接牢固接触良好，无破损和烧伤。引线距接地体的距离应不小于 330 mm。引线的长度应保证当接触悬挂温度变化时有一定的活动余量并不得侵入限界，引线摆动到极限位置对接地体的距离符合规定。

6. 隔离开关支持绝缘子应清洁无破损和放电痕迹，瓷釉剥落面积不超过 300 mm^2。

7. 新安装的隔离开关在投入运行前应做交流耐压试验，运行中每年用 2 500 V 的兆欧表测量一次绝缘电阻，与前一次测量结果相比不应有显著降低。

8. 负荷开关的技术状态应符合产品说明书的相关要求。

四、检修隔离开关的一般步骤

(1)将隔离开关倒至分闸位置，测量分闸角度、分闸止钉间隙及触头接触情况。带接地刀闸的隔离开关应检查接地刀闸接触情况。

(2)将隔离开关倒至合闸位置，检查合闸是否呈直线、合闸止

钉间隙及触头密贴情况。

(3)测量一次操作的隔离开关在分合闸过程中带电与接地部分的瞬时间隙。

(4)清扫支柱绝缘子,检查其绝缘状态,测量隔离开关引线与接地体距离。当隔离开关引线跨越某线路上空的接触悬挂时,测量该引线与被跨越接触悬挂间的距离。

(5)紧固各部螺栓及转动关节。

(6)检修测量完毕后,恢复隔离开关原运行状态并加锁。

五、使用维护负荷开关时的注意事项

(1)手动操作时注意分、合闸位置指示到位,电动操作时只要按分、合闸按钮即可。

(2)FW-27.5/1250 单极、FW-55/27.5/1250 双极负荷开关在规定的寿命范围内为不检修开关,但根据需要应定期对开关做如下维护和检查:

①擦去绝缘瓷柱、瓷套上的污垢。

②检查压力表是否在规定值以内。

③合、分闸位置及刀闸打开距离。

④螺栓是否有松动,特别是操作机构内的辅助调节环顶丝是否松动。

⑤检查是否有人为破坏及损伤现象。

六、隔离(负荷)开关损坏时的应急处理

(1)分段绝缘器处隔离开关损坏,则拆卸掉隔离开关引线与隔离开关的连接固定后,将引线临时绑固在承力索上(或将引线自接触网处一并完全拆卸);处理接触网损坏的其他设备;将安装分段绝缘器的线路封闭。

(2)吸流变压器处的双极 GW4-35/600 隔离开关损坏,则将隔离开关与接触网的引线拆卸后,将此隔离开关与吸流变压器一并解列退出运行(同时,需拆卸吸流变压器次边与回流线的引线)。合上吸流变压器台上的 GW1-10/600 隔离开关和绝缘锚段关节的单级 GW4-35/600 隔离开关。

(3)安装吸流变压器锚段关节处的单极 GW4-35/600 隔离开关损坏,则将其与接触悬挂间的引线拆卸,保证吸流变压器在运行状态即可。

(4)普通绝缘锚段关节处的隔离开关、负荷开关损坏,拆卸隔离开关、负荷开关引线使其退出运行后,有两种方法使另一侧接触网受电。一种方法是预制一组电连接器,安装在装设隔离开关、负荷开关的转换柱处,用以短接此转换柱处接触线和承力索上的分段悬式绝缘子串,此组电连接器起着旁路隔离开关的作用,保证接触网在电路上不开断。另一种方法是将绝缘锚段关节调整至技术要求,采用越区供电的方式,使另一侧接触网受电。

第五章　隔离开关故障及事故案例

1. 隔离开关状态不良，合闸后接触网无电造成列车停车事故

事故经过：

某接触网工区打开某区间 65 号隔离开关在区间进行接触网停电作业。作业结束，根据电调命令，操作人甲将 65 号隔离开关“合”上，加锁后与作业组一起坐轨道车回了工区。

2168 次货物列车从车站开出，过了 65 号隔离开关后，司机发现接触网无电按规定立即停车，并向电调汇报了某区间接触网无电情况。某接触网工区出动查找无电原因，发现 65 号支柱开关主刀闸未合上，只好再要停电命令，上到 65 号支柱上，将 65 号隔离开关合上，影响行车 110 min。

原因及措施：

(1)检修留下隐患。65 号隔离开关是 1973 年 12 月 1 日检修过的。更换开关底座时操作人将铆钉丢失，临时用 $\phi 4.0$ mm 铁线代替，回工区后没有向工长汇报，更没有及时将铁线换为铆钉，反复使用后铁线磨断，造成隔离开关假合。

(2)操作人应按规定程序合分隔离开关。合隔离开关时，应认真观察开关把手是否到位，更应注意观察开关是否已经合上或分开。开关触头合不好容易烧损设备；若假合会造成某区段无电，影响行车；隔离开关打开后应观察分闸角度如何，分闸角度太小有可能空气间隙放电发生人员触电事故。

(3)作业结束应召开收工会，将当日作业情况进行总结，找出

作业中的不安全环节、不安全因素，讲清楚检修设备时遗留问题，有利于防止漏洞，搞好安全供电工作。

(4)现场作业时经常遇到小零件丢失或损坏情况，选用代用品未尝不可，只是应及时更换。

2. 带负荷操作隔离开关，隔离开关爆炸酿成事故

事故经过及设备损坏情况：

某牵引变电所有2台主变压器，1台运行、1台备用。

某日，1号变在Ⅱ回运行，2号变备用。当日分局供电调度甲接供电局地调命令：将1号变投入Ⅰ回运行。亦即由曲供改为直供。

甲通知牵引变电所值班员乙填写倒闸表。电调甲审查后批准执行倒闸表，在拉开1001隔离开关(110 kV母联隔离开关)时，110 kVⅡ回零序Ⅱ段、距离保护Ⅱ段动作，发电厂开关跳闸，重合成功。

1011B相支持绝缘子爆炸，开关触头烧伤，A相绝缘子闪络，全所失压。

原因与措施：

(1)带负荷强行拉开1001隔离开关导致。

110 kVⅡ回线曲供1号主变压器，2号主变备用。在1号主变压器断路器未断情况下，拉1001隔离开关，其支持绝缘子肯定爆炸。

(2)编制倒闸表时，应严格遵守“停电时先负荷侧，后电源侧；先断主断路器，后拉隔离开关；送电时程序相反”的原则，严禁隔离开关带负荷操作。否则，就会酿成事故。

(3)电调、值班员均单独值班时间不长，仅几个月时间。电调及值班人员应加强业务学习，对规程要求的倒闸程序做到先理解、后执行，不能盲目编制倒闸表，盲目发出操作命令进行操作。

3. 运行中隔离开关引线线夹触及新架承力索，新承力索载流烧断

事故经过及设备损坏情况：

某日11时45分，某变电所1号馈线207开关跳闸，阻抗Ⅰ段动作，重合失败，故测仪指示1Q，对应于某区间一隧道内的34号悬挂点。该供电臂有3个区间，3个区间均有列车运行，为2603次、2601次、2639次。调度命令3列货车机车均降下受电弓后，于11时55分强送电失败。先后通知了2个接触网工区、1个大修队出动查找故障点并抢修。

查找故障点时曾拉开了车站四跨隔离开关分段送电失败。13时10分发现故障点，现场情况为：区间55～56号支柱跨中新架（未承载）承力索烧断；55～64号新架承力索落地，破坏四跨绝缘锚段关节1处。15时19分处理完毕送电成功，中断供电3 h 34 min。

原因及措施：

(1)新承力索与隔离开关引线线夹放电烧断酿成事故。

该处为供电大修段施工，前一天只将新承力索上网，旧承力索待拆。由于新承力索在区间绝缘锚段关节内接触到安装在55号支柱上的隔离开关西侧引线线夹，使新架设的隔离开关载流由隔离开关引线传递到接触线上（新架设的承力索在55～57号支柱间未承受负荷），烧断引线线夹处承力索。

(2)新承力索、接触线上网后，旧承力索、接触线下网前，新旧承力索、接触线间应增加电气连接，防止新旧设备间产生电位差，放电烧伤烧断接触网设备。

(3)大修施工中认真调查现场设备情况，对大修方案，特别是网上电流回路畅通与否及似接非接处设备会否烧伤进行探讨，制订防止电气烧伤措施。

4. 误合隔离开关烧断接触线

事故经过及设备损坏情况：

电力机车A停在折返段Ⅱ道区分绝缘器内准备进行整备作业，电力机车B也进入Ⅱ道，与A相距10 m处停下，升双弓试验电器部分，一个弓子在区分绝缘器内，一个弓子在区分绝缘器外。A车司机拉开联动隔离开关时，主刀闸分开，接地刀闸自动合上瞬间，折返段馈线跳闸，重合失败，并将Ⅱ道接触线烧断。

原因及措施：

(1)B电力机车所停位置错误，不应停于区分绝缘器下并升双弓。A电力机车司机操作隔离开关时，距B机车仅仅10 m，但A司机与监护人均未观察B电力机车所停位置及升双弓情况，在拉开主刀闸、接地刀闸自动合上瞬间，短路电流经区分绝缘器内侧接地，由于是永久性短路，××开闭所开关跳闸后重合送电，烧断了接触线。

(2)司机操作整备库隔离开关时，司机及监护人均应注意观察区分绝缘器处是否有停留机车，是否升双弓。若有机车停留，操作隔离开关时应通知停留机车勿升双弓或让其离开区分绝缘器处，防止短接区分绝缘器酿成事故。

5. 隔离开关引线距接地刀闸过近致使接地跳闸

事故经过及设备损坏情况：

某日13时22分某变电所211DL跳闸，故标显示为车站附近，某接触网工区立即出动抢修。车站工作人员反映21号隔离开关处有火光出现，并听到一声闷响。经检查发现21号隔离开关接地刀闸处有烧黑迹象，且隔离开关引线距离接地刀闸过近，要点处理后，一切恢复正常。

原因与措施：

(1)由于该站21号隔离开关接地刀闸距离隔离开关引线只有60～80 mm，造成空气间隙被击穿，电弧接地导致变电所馈线开关跳闸。

(2)平时应加强对站内隔离开关的巡检，注意观察隔离开关引线弛度，尤其是带接地刀闸的隔离开关应观察引线距接地刀闸的距离，不足时要及时处理，确保绝缘距离足够。

6. 站内带接地刀闸隔离开关长期处于分闸状态，导致分段绝缘器击穿接地跳闸

事故经过及设备损坏情况：

某日05时16分，变电所212跳闸，重合闸不成功。故标显示为车站附近。某接触网工区立即出动抢修，05时48分至05时52分临时将62号隔离开关合闸到位后恢复供电。

原因及措施：

(1)由于该站六道为货物装卸专用线，装卸作业频繁。而该道62号隔离开关为带接地刀闸隔离开关，因车站作业需要使该开关长期处于分闸状态，分段绝缘器因长时间承受高电压加速了老化过程，加之该段时间天气恶劣(一直为雨雪天气)，该装卸线一直进行水泥和煤的装卸，工作环境污染较严重，导致最终击穿后通过无电侧的接地刀闸接地引起跳闸。

(2)对该情况的隔离开关宜采用不带接地刀闸型，故需进行改造，同时应加强对分段绝缘器和隔离开关设备的日常巡检，及早发现隐患。

7. 隔离开关闪火花，发现及时避免了故障扩大

事故经过：

某日21时16分，某接触网工区准备在车站开天窗，职工甲在等点过程中发现该站南头5道隔离开关处不时闪着火花，立即报告工长并上报调度。正好当日天窗作业安排在该站，便利用天窗时间对该隔离开关进行了处理，解决了闪火花的问题。

原因及措施：

闪火花是由于该隔离开关闸刀与触头接触不良发热所致。因为该站5股道经常要进行装卸工作，该隔离开关刀闸多数时间处于断开状态，由于其刀闸长期暴露在空气中，导致闸刀和触头氧化、脏污，在合闸后由于闸刀与触头间电阻增大，温度升高，而高温又使氧化加剧导致恶性循环。

在日常巡检时应及时清洁刀闸脏污和氧化部分。

8. 负荷开关电机失电，强行拉闸用力过猛损坏负荷开关，延误天窗作业

事故经过：

某接触网工区计划在车站进行下行V形天窗作业，必须断开该站北头FW301负荷开关，安排职工甲和乙两人负责操作该负荷开关工作。甲和乙到达该隔离开关处后发现电动操作失灵，由于工作领导人急于天窗作业催促比较急，甲情急之下采用手动操作，结果因手动操作机构锈蚀加之用力过猛，致使操作机构损坏后无法复位，导致天窗不能进行。

原因及措施：

由于该负荷开关长期未得到使用，加之检修不到位，以致到要使用的时候才发现电动机失电，电动操作无法完成，操作人员在面对突发情况的应急处理能力较差，心理素质不好，致使手动操作不规范使隔离开关操作机构损坏。

应加强对隔离（负荷）开关的检修。长期以来，由于隔离（负荷）开关的主要功能是起隔离作用，一般处于合闸状态而较少进行操作，其检修维护也基本上是处于“不坏不修、坏了再修、修了再坏”的状态，甚至是“终身服役”。必须改变当前的这种状况，只有充分了解了高压隔离开关在运行中可能出现的各种故障现象及其故障原因，并熟练掌握了相应的故障发生时的处理措施，才能有针对性地强化制造、安装和检修时的工艺质量管理。

9. 隔离开关设备线夹开裂导致引线断落，造成接触网短路跳闸

事故经过：

某日 06 时 45 分，变电所 1 号馈线 207 开关跳闸，阻抗Ⅰ段动作，重合失败，故测仪指示 1Q，对应于区间一四跨绝缘锚段关节附近。电调强送电失败。通知接触网工区出动查找故障点并抢修。

某接触网工区利用轨道车到达该区域，很快发现引起跳闸的原因为锚段关节的隔离开关引线断落后搭垂在支柱上造成短路，引线上的设备线夹明显裂开，该处引线散股。07 时 48 分处理完毕送电成功，中断供电 1 个多小时。

原因及措施：

由于当天气温降低幅度较大，该隔离开关处引线已经没有弛度，引线紧绷再加上之前设备线夹与隔离开关引线板之间的接触由于制作工艺问题出现了接触不良，使设备线夹处电阻很大导致温度很高，这两方面的原因加速了设备线夹的烧毁。

在检修隔离开关时应充分考虑引线的预留弛度，必须将气温的因素考虑进来，同时应注意观察隔离开关设备线夹等关键部位的状况，有隐患应及时处理。

10. 隔离开关支持绝缘子脏污严重，雷击导致击穿爆炸发生短路接地事故

事故经过：

某日 10 时 22 分，变电所 2 号馈线 204 开关跳闸，阻抗Ⅱ段动作，重合失败，故测仪指示 2Q，对应于车站南头附近，电调强送电失败。通知××接触网工区出动查找故障点并抢修。

某接触网工区到达该站后，很快发现引起跳闸的原因为该站 6 道的隔离开关 1 支持绝缘子发生了爆炸，引线接地造成短路。10 时 55 分处理完毕送电成功，中断供电 30 余分钟。

原因及措施：

由于该隔离开关支持绝缘子脏污严重，时值当地雷雨多发季节，在雷击后发生过电压击穿支持绝缘子以致爆炸，随后引线掉地引起短路跳闸。

在日常天窗检修时，对隔离开关的脏污处所必须定期进行清洁，尤其是支持绝缘子的清扫，防止绝缘子闪络或击穿爆炸事故的发生。

11. 隔离开关传动机构未上锁，学生好奇扳动手柄导致接触网失电，电弧烧损隔离开关

事故经过：

某日 18 点 13 分，运行在军装线的 57001 次机车司机向行车调度反映机车出现几次失压情况，电调立即通知管辖该区的某网工区出动进行巡视。到达现场，巡视人员随即发现有几个学生在该军装线 1 隔离开关四跨锚段关节处的隔离开关下面来回摇动操作手把，立即上前制止，发现该手动机构操作箱的锁已经没有了，隔离开关闸刀处也有明显烧损痕迹，随即停电进行了处理。原来该隔离开关手动操作机构锁已丢失，几个学生途经这里出于好奇，于是来回扳动操作手把，造成原本处于合闸状态的隔离开关出现似合非合状态，导致接触网瞬间失电，同时也造成触头烧损。

措施：

必须加强对隔离开关的检查，对操作机构的保护措施应经常

进行检查，防止由于锁丢失等原因造成误操作、机构杆件被盗等问题的发生。

12. 隔离开关分闸角度偏小，造成触头烧毁

事故经过：

当日电调接行调报告，有线路巡道工反映站场5道处有个设备闪火放电，电调立即通知某接触网工区派人员前往出事地点，出动人员发现闪火放电原因是5道的隔离开关，原来该隔离开关处于分闸位，但分闸角度明显小于90°，造成刀闸与触头间距离小于规定要求，出现了放电现象。于是立即申请停电处理。登杆后作业人员发现隔离开关触头有烧损痕迹。

措施：

对于隔离开关的操作必须按要求进行，分合闸必须到位，操作人员在操作完毕后应进行检查，确保隔离开关分闸角度及合闸状态符合产品的技术要求，以免造成类似事件的发生。

13. 违反隔离开关检修程序造成操作人员1人触电死亡

事故经过：

某接触网工区在车站北四跨带电检调隔离开关。当隔离开关调整完毕处于分闸状态时，有一列货车开来。工作领导人甲命令操作人不要动，待车过后再行作业。但操作人乙却在列车通过作业地点时，擅自拆除隔离开关短接线。因开关处于分闸位置，短接线拆除的刹那，负荷电流通过操作人乙的身体构成回路，致操作人乙死亡。

伤亡情况：

死亡1人。

原因及措施：

(1)操作人乙没有听从工作领导人的指挥，擅自进行违章作

业，违反了四跨开关带电检修时，先做好隔离开关短接线，开关调整好了，闭合隔离开关后方可拆除短接线的规定。

(2)工作领导人甲虽然在列车通过时，命令操作人不要动，但在规避列车时却站在了隔离开关另侧线路。货车通过时，失去了对接触网上作业人员的监护。

(3)规程规定的作业标准，都是科学的和用生命换来的。这起事故严重违章，说明了职工技术纪律松弛，有章不循，违章蛮干。假如工作领导人甲能在隔离开关同侧线路实施不间断监护，这起事故也是可以防止的。

14. 误拉隔离开关导致 2 人触电，1 人死亡、1 人重伤

事故经过：

车站上行线 72～78 号支柱间列车脱线，事故起复时需上行接触网停电，以便拆除事故地点接触网设备，起复脱线的事故车辆。某接触网工区作业人员赶到现场后，分工是这样的：代工长、抢修领导人是甲；乙是隔离开关操作人；丙是座台要令人；丁、戊是操作人。并研究确定了抢修方案，考虑到现场人多，又是夜间，而且是在软横跨处，方案中提出上下行接触网同时停电。

03 时 40 分，电调向丙发布“遮断车站西四跨下行 87 号隔离开关”的 003 号命令。丙接命令后用对讲机通知甲，现在可以将下行西四跨隔离开关遮断。

甲接命令后，用对讲机通知乙，可以拉开开关了。

乙接令后，认为在上行线起复事故，所拉隔离开关肯定是上行开关，便将上行线 82 号隔离开关遮断，用对讲机报告代工长、抢修领导人甲，开关已经拉开。

甲接乙报告后，没有多问，即通知丙。丙向电调汇报，车站下行 87 号隔离开关已遮断。

03 时 45 分,电调发布允许在车站配合事故起复的停电命令。

丙遂问电调,是否上下行同时停电。电调回答:上下行停电。上行是变电所停电,下行为遮断 87 号隔离开关停电,下行西四跨有电。

丙接令后,向甲汇报,命令已经要过。甲通知车站东西头验电接地。

接地线两组人员随即验电接地,作业组拆网。04 时 48 分脱线车辆起复完毕,接触网开始恢复。

06 时 22 分,2406 次货物列车由蒸汽机车牵引通过事故现场,此时丁和戊正在 72～82 号软横跨上(上行线)进行接触网恢复作业。突然有人喊:“蒸汽机车来了,赶快避一避!”。丁沿着软横跨向上行接地侧走,戊沿着软横跨向下行方向走。当戊手刚要摸到上下行隔断绝缘子另一侧下行方向的上部固定绳时,瞬间产生一个大火球,身上立即着火,并从软横跨上掉下被安全带悬于空中。

甲看到戊身上起火,又悬于空中,救人心切,叫人快速将车梯立起来,他亲自上去救人。因忙乱没有考虑戊是怎样触电的,哪些设备有电,拉戊时将手伸到了有电部分,甲亦触电起火,从高空掉下,送医院抢救无效于第二天死亡。戊右臂切除,左手失去 2 根指头。

伤亡情况:

1 人死亡,1 人重伤。

原因及措施:

作业组一系列违章导致了这起严重的人身伤亡事故:

(1)传递命令不互报姓名,不复诵命令内容。丙通知甲,遮断 87 号隔离开关。甲不复诵开关号和遮断内容,只说知道了。丙也未要求甲复诵。甲接命令后对乙说,可以拉开关了。乙应问清,拉几号隔离开关。乙没有问,臆测认为应拉列车脱线处所的上行线 82 号隔离开关。将开关遮断后,乙汇报说,开关已拉开。埋下了人身触电的事故隐患。

(2)接地线人员工作极不负责任,该防止的事故失去了防止机会。这次事故配合,从申请停电到电调发令均为上下行接触网重合停电,接地线时却只错误地接在了上行线。若正确地执行命令,在规定处验电接地,这起事故完全可以防止。

(3)处理紧急情况缺乏冷静,盲目行事。戊触电后,甲只看到了触电现象,没有考虑"上下行均已停电",戊为什么会触电。只想着救人,结果人未救成,自己反而触电,扩大了事故。

(4)该段成立时间不长,电气化铁路开通也只有10多天时间,段上在对职工教育、发票人、工作领导人、要令人培训上存在严重漏洞。传递命令时,应严肃认真复诵。对有疑问命令要认真提出,坚持安全作业。防止用语不标准、臆测行车,导致发生事故。

15. 拆除隔离开关操纵杆方法不当导致地面1人触电受伤

事故经过:

某接触网工区在某折返段更换Ⅱ道与Ⅲ道间61号支柱上的隔离开关。

地面监护人为甲,辅助人员为乙,接触网上操作人员为丙、丁。作业中,乙将地面上的隔离开关操作杆与底座相连接的铆钉拆掉,把操纵杆底座取下来放于地上。为防止操纵杆倒在Ⅲ道有电设备上,丙用铁线将操纵杆上部绑于支柱上部。乙用手向下拉操纵杆时,拉到一定角度后因上部有铁线绑着而拉不动,叫丙将铁线松开。丙说知道了后,立即将铁线剪断。由于操纵杆长而且重,乙能抓的而且只能抓的是操纵杆下部,受力点不好,铁线断开瞬间乙无法抓住,操纵杆滑落于乙两腿间的角钢上,上部倒在了Ⅲ道有电的接触网设备上。电流经Ⅲ道接触网、操纵杆、角钢流入大地。短路电流在角钢上产生弧光,将乙两大腿内侧烧伤。

伤亡情况：

1 人轻伤。

原因及措施：

(1)工作领导人甲应对整个作业过程中的安全负责。作业中，工作领导人应委派作业组其他成员协助乙将操纵杆放下。操纵杆长而重，人在下部拿时受力点不好。受力点相当于杠杆支点，操纵杆相当于力臂，在不增加人员的情况下，仅凭一人拿下操纵杆，操纵杆倾倒于Ⅲ道有电的接触网设备上，电弧将乙烧伤。

(2)丙在得到松开铁线的通知后，应慢慢地松开，不应突然剪断铁线，使乙猝不及防，使本不好拿的操纵杆失去铁线的约束突然倒下。丙应慢慢松开铁线，一边松一边让乙拉，这样操纵杆也不会倒下。

(3)工作领导人(监护人)监护有漏。工作领导人应思想集中，时刻在场监督作业组成员的人身安全。如果作业前或作业中监护人对Ⅲ道有电进行提醒，放操纵杆时指挥丙慢慢将铁线松开，即可避免事故。

16. 未弄清隔离开关控制区域，导致误登杆触电身亡

事故经过：

某接触网工区计划在某站 4、5 道作业，天窗内容为清扫绝缘子。08 时 00 分点名，工作领导人甲宣讲工作票，进行作业分工，组织作业组成员开班前预想会。11 时 10 分作业组成员乘轨道车出库，11 时 25 分左右到达某站。11 时 47 分行调办理线路封锁，允许轨道车进入作业地段。

11 时 54 分电调发令，允许作业组 11 时 54 分至 12 时 44 分进行作业。12 时 11 分，乙在登上某站 122 号支柱(5 道与 6 道之间的联络开关)进行作业时，发生触电事故。

伤亡情况：

1 人触电重伤。

原因分析及总结：

某站正线 6、7 道上下行分别由变电所 213、214 馈出线供电，且可以通过某站北头 FW301、FW302 负荷开关控制停送电。某站 1～5 道、8～10 道侧线由分区所 2941 某客站馈出线供电，且在某站分束后通过手动隔离开关向接触网供电，即 1～3 道通过 G37 控制，4～5 道通过 G36 控制，8～10 道通过 G39 控制。××机务段内接触网由分区所 2931 馈出线独立供电，某站各股道虽然为同相电源，但上下行与各股道之间，各分束股道间通过分段绝缘器及分段绝缘子进行电气分开。并通过联络隔离开关进行联络。其中 122 号杆隔离开关联络 5～6 道，99 号杆隔离开关联络 7～8 道。这样，就保证了在分区所全所退出时，也不影响××客站的运行与维修。

(1)发票人签发的工作票错误。

①没有在工作票中明确指出 122 号杆是 V 形天窗禁止攀登杆，也没针对这个特殊地段采取任何防范措施。不明白如要检修 122 号杆的隔离开关，必须在 F302 和 G36 都处于分位时才能检修。

②没有深入调查现场，有臆测行为。

③工作票中地线设置不正确。根据《接触网安全工作规程》第 45 条规定，应在作业地点的两端和与作业地点相连、可能来电的停电设备上装设接地线。所以应在 122 号杆隔离开关的停电侧加挂一组接地线。

(2)工作领导人审核工作票失职及工前预想会流于形式。

①没有会同审查工作票。根据 V 形天窗作业细则的规定，工作领导人接到工作票后，应依据有关记录和图纸、规程和规定、检修工艺等，核实作业地点及检修作业内容的可行性和必要性，对工作票中填写的作业范围、作业条件、装设地线位置和数量、需停电设备及作业地点附近有电设备、安全措施是否完备等进行详细的

审查。如发现工作票不符合要求，要责令发票人重开。而“4.7”天窗工作领导人未能发现和纠正工作票中的错误，使错误的工作票通过了审核。

②工前预想会中工作领导人应宣讲工作票，根据作业现场简图，详细介绍作业地点和范围及其地理环境情况、需停电设备、装设地线及数量、作业地点附近是否有有电设备。同时，要提问作业组成员，使每个作业组成员对今天所担当的工作的内容、作业中的安全措施以及应该注意的事项等有个详细的了解。所有这些都流于形式，没有认真的得到执行。

③在工前预想会中，要对作业组成员进行详细分工。要做好充分的预想和准备才能开始天窗作业。而××网工区在某站开天窗擦瓷瓶时，工作领导人以往都是到现场才进行分工，并没有在作业前就分好工，更谈不上针对个人制定详细周密的安全注意事项了。某站平常一般电调给点时间在12时30分左右，但4月7日的天窗提前到11时51分，手忙脚乱的分工后，杂乱无章的作业场面造成了这次事故。

(3)作业组人员在作业过程中没能做到“自控、互控、他控”。

①乙在登上122号杆之前，作业组中没人指出其是V停禁止攀登杆，没能起到互控和他控的作用。

②其本人对某站设备不熟悉，不知道该122号隔离开关在某站的供电系统中所起的作用是什么。

③在作业过程中不带短接线，违反了段《天窗作业管理办法》的规定，当检修隔离开关时，应用短接线将两高压瓷套管处引线短接，以防止隔离开关两极间感应电压差伤人。当日如果按规定程序操作，事故就不会这么严重。

(4)领工区的领工员、指导员、网工区工班长对现场监控不到位。

①没审工作票。领工区干部跟天窗走过场，不能扎扎实实，从

天窗申报计划开始，到天窗作业完成，应该全方位的关注整个天窗情况。在天窗作业前，应该详细的审查工作票，了解天窗作业内容，才能真正做到对现场进行监控。

②没抓住关键点。领工区干部和工班长应针对天窗作业过程中的关键点、关键人、关键环节进行监控。天窗作业中应牢牢抓住人身安全与作业安全这个关键点。

③不熟悉现场。领工区干部和工班长都对管内设备不熟悉，未能理解 122 号杆隔离开关的作用，导致乙误登 122 号支柱。

(5)段有关职能部门未能尽到职责。

开通以来，段有关职能部门未能针对比较复杂的站场制定详细的卡控措施。而且对于 112 号杆是 V 形天窗禁止攀登杆也没能悬挂“V 形天窗禁止攀登”标志。未能针对一些供电比较复杂的站场怎样开天窗加以正确指导，未能针对每种天窗情况、开哪些地段以及根据作业内容应制定有针对性的安全卡控措施，分析应该从哪几个方面加强对天窗作业的控制。

第六章　理论试题与答案

一、填空题

1. 对车站、机务段或路外厂矿等单位有权操作的隔离开关的人员应经＿供电段＿培训、考试合格，发给合格证后方可担任此项工作。

2. 从事隔离开关倒闸作业人员按要求＿每年＿进行考试，其安全等级不得低于三级。

3. 对取得隔离开关操作证的人员，供电段要负责＿每年＿进行一次安全规章考试，同时对所发放的隔离开关操作证进行一次复审签认。

4. 隔离开关操作证超过＿一＿年而没有填签的，则按作废处理。

5. 禁止使用未经试验或＿试验不合格＿及超过试验期的绝缘工具。

6. 隔离开关主要作用是＿隔离电源＿、＿用以接通或开断小电流的电路＿以及＿倒母线操作和中性点接地的切换＿。

7. 对带接地闸刀的隔离开关，应经常处于＿闭合＿状态。

8. 各隔离开关的传动机构必须＿加锁＿。钥匙不得相互通用并有标签注明开关号码，存放于固定地点由专人保管。

9. 每台隔离开关的钥匙要注明＿杆号或支柱号＿，相邻支柱上的各台隔离开关的钥匙不得相互＿通用＿，以免错用钥匙，错开隔离开关，危及行车及人身安全。

10. 手动操作隔离开关时，操作要准确迅速，一次开闭到底，中途不得__停留和发生冲击__。

11. 隔离开关操作人员必须戴好__安全帽__和绝缘手套 。

12. 隔离开关倒闸作业必须由__2__人同时进行。

13. __雷电__和__雷电来临__时，严禁进行隔离开关的操作。

14. 操作隔离开关人员在穿戴绝缘用具前，要用干棉布去掉绝缘用具上的灰尘，并对绝缘靴、绝缘手套进行简单的__漏气__检查。

15. 操作前，要检查隔离开关的__位置__(有编号的隔离开关则校对其号码)及校对隔离开关的开、闭状态是否正确。

16. 绝缘靴、绝缘手套，拆、挂接地线使用的绝缘杆以及绝缘棒的试验周期为__6__个月。

17. 具备安全等级__三级__的人员才能操作隔离开关。

18. 隔离开关倒闸作业必须由__2__人同时进行。

19. 电气化牵引接触网额定电压为__25 kV__，最高工作电压为__27.5 kV__。

20. 接地线要用截面积不小于__25 mm^2__的裸铜软绞线做成。

21. 隔离开关的瓷柱瓷釉剥落面积不得超过__300 mm^2__。

22. 电气化铁路主要由__电力机车__、__接触网__、__变电所__三部分组成。

23. 操作使用的绝缘工具要放在阴凉，不落灰尘的箱柜内，每隔__6__个月送供电段做绝缘耐压试验，每次使用前要进行简单的漏气试验。

24. 所有接触网设备，自__第一次受电__开始，在未办理停电接地手续前，均按有电对待。

25. 在电气化区段，除专业人员按规定作业外，所有职工和所携带物品(如长杆、导线等)与接触网带电部分必须保持__2 m__以上的距离。

26. 电动隔离开关操作分为__远方操作__、__近动操作__、__手动操作__等三种操作方法。

27. 电气化隔离开关由__金属底座__、__绝缘瓷柱__、__导电刀闸__、__接地刀闸__和__操动机构__等部件构成。

28. 隔离开关按装设地点分为__户内式__隔离开关和__户外式__隔离开关。

30. 隔离开关在图纸中用__GK__符号表示。

二、判断题

1. 雷电和雷电来临时,严禁进行隔离开关的操作。（√）

2. 禁止使用未经试验或试验不合格及超过试验期的绝缘工具。（√）

3. 手动操作隔离开关时,操作要准确迅速,一次开闭到底,中途不得停留和发生冲击。（√）

4. 凡从事隔离开关倒闸作业人员,须经专门培训并通过安全操作考试合格后,发给隔离开关操作证,方能担任其工作。（√）

5. 担任隔离开关倒闸作业的人员,其安全等级不得低于2级。（×）

6. 对取得隔离开关操作证的人员,供电段要负责每2年进行一次安全规章考试,同时对所发放的隔离开关操作证进行一次复审签认。（×）

7. 如隔离开关操作证超过半年而没有填签的,则按作废处理。（×）

8. 站内接触网的隔离开关操作人员可由车站助理值班员、站务员、装卸工担任,监护人由站务员和装卸工(其安全等级不得低

于 2 级)担任。 (×)

9. 在申请倒闸命令时,先由监护人向供电调度提出申请,供电调度员审查后,发布倒闸命令。 (×)

10. 在车站的货物线、电力机车折返段的整备线等需经常进行停电作业的地方应使用不带接地闸刀隔离开关。 (×)

11. 交流电弧熄灭后,可能再度重燃,交流电弧的重燃不仅与其电源有关,还受电路性质等多种因素直接影响。 (√)

12. 带接地闸刀的隔离开关所控制的一定是带有接地闸刀静触头的主闸刀一侧的区域。 (√)

13. 挂接地线时,首先挂接地端,接地端接好后,才能利用操作棒等将接地线的另一端接上被停电设备。 (√)

14. 操作隔离开关人员在穿戴绝缘用具前,要用干棉布去掉绝缘用具上的灰尘,并对绝缘靴、绝缘手套进行简单的漏气检查。 (√)

15. 每次倒闸作业完毕,都必须上锁,即使此开关马上又需倒闸,操作人员不离开也要上锁。 (√)

16. 接地线用截面积不小于 10 mm^2 的裸铜软绞线做成,不得有断股、散股和接头。 (×)

17. 相邻支柱的隔离开关及同一根支柱上的各台隔离开关,其钥匙允许相互通用。 (×)

18. 空气中两个可分离触头间的电压在 10～20 V 以上,或切断电流在 80～100 mA 以上时,均会生成电弧。 (√)

19. 隔离开关的瓷柱瓷釉剥落面积不得超过 350 mm^2。 (×)

20. 引线及连接线应连接牢固接触良好,无破损和烧伤。引线距接地体的距离应不小于 300 mm。 (×)

21. 带接地刀闸的隔离开关所控制的一定是带接地刀闸静触头的主闸刀一侧的区域。 (√)

22. 操作使用的绝缘工具要放在阴凉，不落灰尘的箱柜内，每隔 12 个月送供电段做绝缘耐压试验，每次使用前要进行简单的漏气试验。（×）

23. 绝缘靴、绝缘手套，拆、挂接地线使用的绝缘杆以及绝缘棒的试验周期为 6 个月。（√）

24. GW4 型隔离开关合闸时，刀闸应呈垂直状态。（×）

25. 遇有危及人身或设备安全的紧急情况，可以不经供电调度批准，先行断开断路器或有条件断开的负荷开关、隔离开关（控制线路短且无电力机车取流），并立即报告供电调度；但再闭合时必须有供电调度员的命令。（√）

三、选择题

1. 我国电气化铁道采用的是工频单相（B）kV 交流制。

A. 10　B. 25　C. 27.5　D. 110

2. 绝缘防护用具应每（B）个月，由各站段送供电段检查和试验一次。

A. 3　B. 6　C. 9　D. 12

3. 隔离开关开、合超过（C）km（延长公里）线路的空载电流时，应经过试验，由铁路局批准。

A. 1　B. 5　C. 10　D. 20

4. 接地线要用截面积不小于（C）mm^2 的裸铜软绞线做成，并不得有断股、散股和接头。

A. 10　B. 15　C. 25　D. 35

5. GW4-27.5XD(G)(W)/630-20 中 27.5 表示（C）。

A. 额定电流　B. 额定容量　C. 额定电压　D. 产品代码

6. 为保证人身安全，除专业人员执行有关规定外，其他人员（包括所携带的物件）与牵引供电设备带电部分的距离，不得少于

(C)mm。

A. 500　　B. 1 000　　C. 2 000　　D. 3 000

7. 担任隔离开关倒闸作业的人员，其安全等级不得低于(C)级。

A. 一　　B. 二　　C. 三　　D. 四

8. 引线及连接线应连接牢固接触良好，无破损和烧伤。引线距接地体的距离应不小于(B)mm。

A. 300　　B. 330　　C. 350　　D. 400

9. 隔离开关在图纸中的符号是用字母(A)表示。

A. GK　　B. K　　C. G　　D. GL

10. 隔离开关的操作绝缘用具用兆欧表测量其绝缘电阻，其阻值不得小于(B)MΩ。

A. 1 000　　B. 10 000　　C. 3 000　　D. 30 000

11. 隔离开关倒闸作业必须由(B)人同时进行。

A. 1　　B. 2　　C. 3　　D. 4

12. 隔离开关操作证只要超过(D)而没有填签的，则按作废处理。

A. 1 个季度　　B. 半年　　C. 3 个季度　　D. 1 年

13. 操作人员由车站助理值班员、作业员、站务员、装卸员或机车司机等担任，监护人员由(A)或助理值班员担任(安全等级不低于 3 级)。

A. 车站值班员　　B. 站务员　　C. 装卸工　　D. 连接员

14. 在申请倒闸命令时，先由(D)向供电调度提出申请，供电调度员审查后，发布倒闸命令。

A. 发票人　　B. 工作领导人　　C. 发令人　　D. 操作人

15. GW4 型隔离开关合闸时，刀闸应呈(B)状态。

A. 垂直　　B. 水平　　C. 60°　　D. 45°

16. GW4 型隔离开关分闸时，刀闸角度为(D)，允许误差(D)。

A. +90°，−1° B. +89°，−3° C. +89°，+ 3°　D. +90°，+ 1°

17. 新安装的隔离开关在投入运行前应做交流耐压试验，运行中每年用(B)V 的兆欧表测量一次绝缘电阻。

A. 1 000　　B. 2 500　　C. 10 000　　D. 25 000

18. 下列不属于隔离开关按动作方式划分的方式是(D)。

A. 旋转式　　B. 闸刀式　　C. 插入式　　D. 手动式

19. 绝缘工具材质的电气强度不得小于(C)kV/cm。

A. 1　　B. 2　　C. 3　　D. 4

20. 间接带电作业的绝缘杆等其有效长度大于(C)mm。

A. 100　　B. 200　　C. 1 000　　D. 2 000

四、问答题

1. 什么是隔离开关，主要用途是什么？

答：隔离开关是一种高压开关设备，具有三个功能：(1)隔离电源；(2)用以接通或开断小电流的电路；(3)倒母线操作和中性点接地的切换。

2. 请写出隔离开关的型号 GW4-35D/600 表达的含义。

答：表示额定电压是 35 kV，额定电流为 600 A，带接地刀闸的户外隔离开关。

3. 隔离开关的倒闸作业程序是什么？

答：分闸：命令—开锁—拉闸—验电—挂地线—悬挂标示牌—落锁

合闸：命令—开锁—取标示牌—取地线—合闸—验电—上锁

4. 操作隔离开关有哪些注意事项？

答：操作隔离开关应严禁带负荷进行隔离开关倒闸作业，GK 可以开合不超过 10 km 线路的空载电流，合闸时要迅速果断，但在合闸终了时用力不能过猛，避免发生冲击。操作完毕后，应检查是否合上，合好后应检查刀闸完全进入固定触头，并检查接触严密性。拉闸时要慢而谨慎，刀片离开固定触头时要迅速，以便迅速消弧。拉闸完毕后，应检查刀片确已在断开位，并使刀片尽量拉到头。

5. 指出图 6-1 中各数字表示是隔离开关的什么部件？

答：1 表示导电刀闸。

2 表示瓷柱。

3 表示交叉连杆。

4 表示底座。

5 表示传动杆。

6 表示操作机构。

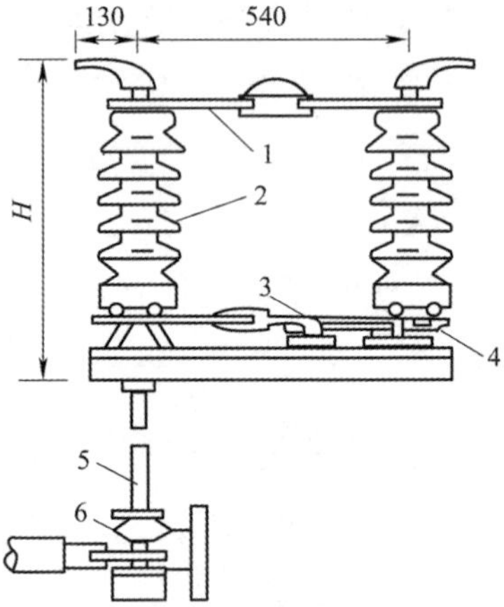

图 6-1

6. 在获得倒闸命令批准进行隔离开关倒闸操作前有哪些注意事项？

答：检查隔离开关的位置（有编号的隔离开关则校对其号码）及校对隔离开关的开、闭状态是否正确。如发现不符，则不许操作，且必须查清。隔离开关传动装置不正常，接地线状态不良时，即不准操作也不能自行修理。应立即报告电力调度员或供电段，由供电段派人检修。

7. 哪种情况下可不经供电调度批准先行断开隔离开关（控制线路短且无电力机车取流）？

答：遇有危及人身或设备安全的紧急情况，可以不经供电调度批准，先行断开断路器或有条件断开的负荷开关、隔离开关（控制线路短且无电力机车取流），并立即报告供电调度；但再闭合时必须有供电调度员的命令。

8. 操作中发生带负荷错拉，错合隔离开关时怎么办？

答：(1)错拉隔离开关在触头刚分开时，便产生电弧，这时应立即合上，可以消灭电弧，避免事故，但如刀闸已全部拉开，则不允许将误拉的刀闸再合上，若是单级刀闸，操作一相后发现错位，对其他两相则不应继续操作。

(2)错拉隔离开关时，即使在合闸时发生电弧，也不准将隔离开关再拉开。因为带负荷拉隔离开关，将造成弧光放电，烧损设备。

9. 主闸刀和接地刀分别操作的隔离开关，其断开、闭合必须按照什么顺序进行？

答：闭合时要先断开接地闸刀，后闭合主闸刀；断开时要先断开主闸刀，后闭合接地闸刀。

10. 从事隔离开关操作的人员应符合哪些规定？

答：(1)凡从事隔离开关倒闸操作的人员，必须经专门的培训和通过安全操作考试合格后，发给隔离开关操作证，方可担任倒闸工作。隔离开关倒闸作业人员的培训、考试、发证均由供电段担任。所发放的隔离开关操作证必须有供电段的公章、教育室负责人签字以及编号才能生效。

(2)担任隔离开关倒闸作业人员安全等级不得低于三级。对取得隔离开关操作证得人员，供电段负责每年进行一次安全规章考试，同时对所发放的隔离开关操作证进行一次复审签认。如隔离开关操作证超过一年没有填签的，则按作废处理。

(3)进行隔离开关倒闸作业时，必须有两人在场，一人操作、一人监护。操作人员由车站助理值班员、作业员、站务员、装卸员或机车司机等担任，监护人员由值班员(助理值班员)担任。

(4)持有隔离开关操作证的人员的操作范围仅限于本单位有权操作的隔离开关。

11. 哪几种情况下严禁进行隔离开关操作？

答：(1)雷电和雷电来临时，严禁进行隔离开关的操作。

(2)隔离开关控制区域内有电力机车取流和机车没有降弓时，严禁进行隔离开关操作。

(3)严禁带负荷进行隔离开关倒闸作业。隔离开关可以开、合不超过 10 km(延长公里)线路的空载电流，超过时，应经过试验，报铁路局批准。

12. 试叙无接地刀闸隔离开关刀闸作业程序。

答：(1)分闸时，先拉开隔离开关，再将停电侧直接接地。

(2)合闸时程序刚好相反，先拆除接地线，再合上隔离开关。

13. 接挂地线有何规定？

答：(1)验电和装设、拆除接地线必须由两人进行，一人操作、一人监护。在封线接地前，应先对隔离开关控制区域验电，经验电后确认接触网无电后，挂好地线才能进行作业。

(2)接地线应使用截面积不小于 25 mm^2 的裸铜绞线制成并有透明护套保护。接地线不得有断股、散股和接头。

(3)装设接地线时，人体不得触及接地线，接好的接地线不得侵入建筑限界。连接或拆除接地线时，操作人要借助于绝缘杆进行。绝缘杆要保持清洁、干燥。

(5)在装设接地线时，将接地线的一端先行接地；再将另一端与被停电的导体相连。拆除接地线时，其顺序相反。接地线要连接牢固，接触良好。

14. 绝缘用具使用和保养有何要求？

答：(1)隔离开关操作人员在穿戴绝缘用品之前，须认真检查有无损坏，并用清洁干燥的抹布擦拭有效绝缘部分后，再用 2 500 V 兆欧表分段测量(电极宽 2 cm，极间距 2 cm)有效绝缘部分的绝缘电阻，不得低于 100 mΩ，或测量整个有效绝缘部分的绝缘电阻不低于 10 000 mΩ。

(2)绝缘工具要放在专用的工具室内;室内要保持清洁、干燥、通风良好。对绝缘工具要有防潮措施。

(3)绝缘工具在运输和使用中要经常保持清洁干燥,切勿损伤。使用管材制作的绝缘工具,其管口要密封。

(4)绝缘靴和绝缘手套等绝缘防护用具,每6个月由各站、段送供电段检查和试验一次。

15. 隔离开关钥匙管理有何规定?

答:(1)各隔离开关的传动机构必须上锁,钥匙存在规定地点,并妥善保管并有标签注明开关号码。

(2)相邻支柱的隔离开关及同一根支柱上的各台隔离开关,其钥匙不得相互通用。

(3)每次倒闸作业完毕,都必须上锁。

16. 电动隔离开关操作有哪几种操作方法?

答:电动隔离开关操作分为三种操作方法:

(1)远方操作:电动隔离开关操作以远方操作为主,当远方操作出现故障时,要及时通知供电段调度的同时,采用近动操作。

(2)近动操作:近动操作是在机构箱操作。

(3)手动操作:当以上两种方法都出现故障时,方可采用手动操作,使用摇把摇动隔离开关使其关闭或打开。

17. 电气化隔离开关由哪几部分构成?

答:电气化隔离开关由金属底座、绝缘瓷柱、导电刀闸、接地刀闸和操动机构等部件构成。

18. 隔离开关按装设地点分为哪几类?

答:隔离开关按装设地点分为户内式隔离开关和户外式隔离开关。

19. 目前普速线上电气化铁路采用隔离开关主要型号有哪些(至少写出三个)?

答:GW4-35D

GW4-35

GW4-25/600T

GW4-25/650TD

GW4-35/1250

GW4-27.5TD/630

20. 隔离开关在图纸中用什么符号表示?

答:隔离开关在图纸中用 GK 表示。

21. 隔离开关从整体结构来进行故障分类可分为哪几种?

答:可分为导电回路故障、支柱式绝缘子故障、传动部分故障以及操作机构故障等 4 种故障。

22. 请在图 6-2 中用线条标出 7 号隔离开关的控制区域?

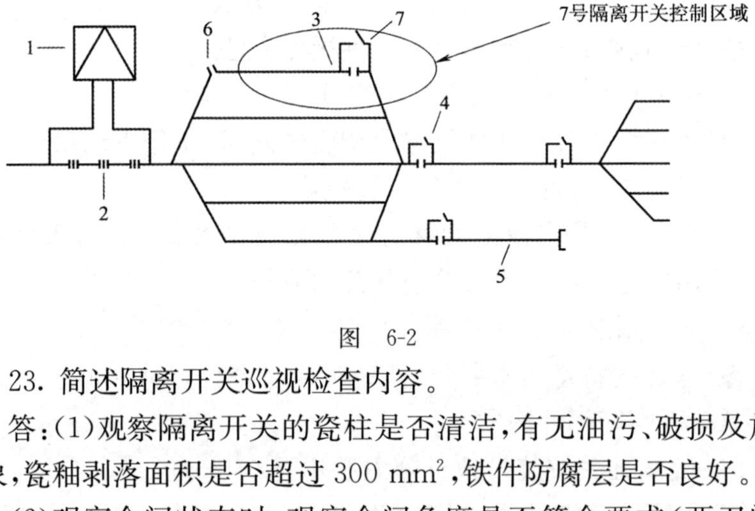

图 6-2

23. 简述隔离开关巡视检查内容。

答:(1)观察隔离开关的瓷柱是否清洁,有无油污、破损及放电现象,瓷釉剥落面积是否超过 300 mm^2,铁件防腐层是否良好。

(2)观察合闸状态时,观察合闸角度是否符合要求(两刀闸中心线是否在同一直线上)。分闸状态时,观察分闸角度是否符合要求(90°+1°)。同时观察刀闸及其触头运行状态,有无放电及烧伤情况。

(3)观察隔离开关电连接器、各部线夹运行状态,有无断股、烧伤现象。线夹连接是否固定、紧固。同时观察电连接线弛度,是否出现负弛度或弛度过大现象。

(4)观察操作机构状态及其机械闭锁情况,同时观察各部件是否齐全,是否加锁。

24. 简述隔离开关检修内容。

答:(1)检查开关托架状态,横、纵向是否水平,螺栓是否紧固。

(2)检查绝缘子表面状态,是否脏污、有无裂纹,有无放电痕迹、有无绝缘老化现象。

(3)检查操作机构状态,是否转动灵活,分合标识是否正确,传动杆连接是否牢固。

(4)检查开关开合情况。分闸时刀闸角度、止钉间隙是否负荷要求;合闸时,刀闸是否呈水平状态,两刀闸中心线是否相吻合。

(5)检查接地刀闸开合状态,开合是否到位,刀闸接触是否密贴。

(6)检查刀闸触头状态表面有无锈蚀,弹簧片压力是否符合要求。

(7)检查开关引线状态。弛度是否过大或过小;引线与钢轨相交处与接触线的高度差 300 mm;引线与接地体之间的最小绝缘距离是否小于 350 mm;引线与承力索和接触线连接处电连接线夹的状态。

(8)检查接地线的状态。与各部螺栓连接是否紧密;表面是否锈蚀;地线并沟线夹内是否有放电痕迹。

25. 简述当分段绝缘器处隔离开关损坏时的应急处理办法。

答:应拆卸掉隔离开关引线与隔离开关的连接固定后,将引线临时绑固在承力索上(或将引线自接触网处一并完全拆卸;处理接触网损坏的其他设备。将安装分段绝缘器的线路进行封闭)。

第七章　实作考评

表 7-1　手动隔离开关倒闸操作考评记录表

考试时间_______年___月___日　　单位___________ 姓名_______ 总评_______

序号	项目（100分）	评分标准	扣分及原因	得分
1	安全作业（20分）	操作人员操作时必须戴安全帽、绝缘手套，穿绝缘靴，每缺一样扣5分		
2	操作过程（70分）	1. 操作前必须检查隔离开关开合状态是否正确，未检查者扣5分。 2. 操作隔离开关迅速准确，一次开闭到底，中途不得停顿和发生冲击。中途若有停顿或发生冲击扣10分。 3. 操作过程中，人体各部不得与支柱及其他机构等接触。每接触一次扣5分。 4. 验电前，必须检验验电器是否良好。未检查者扣10分。 5. 挂接地线前必须验电，不验电者扣10分。 6. 验电接地前，验电接地人员必须弄清楚隔离开关的控制区域。若地线错挂非控制区域侧，扣50分。 7. 挂拆接地线必须按程序操作，若错误扣20分。 8. 挂拆接地线时，人体不得触及接地线，接好的接地线不得侵入建筑限界。若人体触及接地线及接好的接地线侵入建筑限界，扣10分。 9. 挂拆地线的整个过程中，挂拆地线人员（包括所挂拆地线）与周围带电设备的距离，不得少于2 000 mm，若少于2 000 mm，扣10分。 10. 断开隔离开关使其控制区域停电后，在操作手柄上要挂上警示牌。不挂警示牌者，扣5分。 11. 每次倒闸作业完毕，隔离开关必须上锁。不上锁者，扣5分		
3	文明作业（10分）	作业完毕，清理现场。不清理现场扣5分		

附录一　高铁线路隔离开关检修作业指导书

一、范　　围

本作业指导书规定了武广高铁接触网隔离开关设备(隔离开关引线检查按电连接线检查作业指导书执行)检查作业程序、项目、内容及技术要求。

本作业指导书适用于武广高铁接触网隔离开关设备检查作业。

二、引用规范性文件

1. 作业指导书(BB公司)。

2. 高速铁路接触网运行维护管理规程(指导意见、办法)(征求意见稿)。

三、作业目的

1. 发现并整改隔离开关设备各部件的缺陷,使其恢复标准技术状态;

2. 通过检查与调整,保证隔离开关设备处于良好的工作状态。

四、作业程序

1. 封锁停电天窗作业时间内,通过使用车梯或作业车上网检查隔离开关设备状态。

2. 封锁停电天窗作业时间内,人工登杆检查隔离开关设备状态。

3. 栏栅外用热成像仪测量隔离开关触头、设备线夹等处温度有无异常等。

五、作业内容与要求

1. 作业准备及设备检查

(1)人员准备(附表 1-1)

附表 1-1 人员准备

分工	人数	要求	作业内容
高空作业	1～2 人	接触网工;安全等级三级及以上;掌握高空作业检修技能;熟练掌握作业指导书	对隔离开关进行检修、测量
质检员	1 人	经过高铁接触网质检员培训合格并具备资质的人员	对检修、测量等作业进行监督验收,做好相关记录
栏栅外测量	2 人	接触网工;一人安全等级二级,另一人三级及以上;熟练掌握热成像仪的使用方法	按热成像仪作业指导书进行测量,并做好记录

注:其他作业人员(如地线)在此不一一列出。

(2)材料准备(附表 1-2)

附表 1-2 材料准备

序号	名称	规格	单位	数量	备注
1	螺栓螺母	M10～M12	套	4	
2	电力复合脂		盒	1	
3	贴温片		张	1	

(3)工具准备(附表 1-3)

附表 1-3　工具准备

序号	名　称	规格	单位	数量	备　注
1	挂梯		台	1	此项检查时可不需带,处理缺陷时加上
2	脚扣		副	2	
3	安全带		根	1～2	根据高空人数带
4	数显式游标卡尺		把	1	此项检查时可不需带
5	卷尺	5 m	把	1	
6	塞尺		把	1	
7	角度尺		把	1	
8	个人工具		套	1	
9	防松胶		瓶	2	
10	相机		台	1	
11	GK 控制柜钥匙		套	1	含 OPU 钥匙
12	短接线		组	1	断开时检查用

(4)设备线夹检查

电缆与明线连接处设备线夹是否有变色、灼伤、放电痕迹,螺栓紧固力矩及防松是否满足要求;

(5)隔离开关刀闸检查

检查刀闸处是否有烧灼痕迹;用塞尺检查刀闸密贴性。

(6)底座检查

检查底座是否水平、螺栓螺母是否紧固、有无缺失。

2. 检查方法与标准

(1)设备线夹与设备连接稳固,接头无氧化,螺栓、螺母是否齐全,有无松动并加装双螺母。使用扭力扳手紧固,M10＝25N·m M12＝43 N·m。如发现是对接式铜铝过渡设备线夹则更换成面接式爆炸焊工艺铜铝过渡设备线夹。

(2)认真观察刀闸处有无烧伤、熔融的痕迹,无变形现象,检查测温片是否变色。

(3)检查空气绝缘距离及引线弛度。

检查引线对接地体距离要保证不管什么环境温度下,要保证其距离不少于 0.8 m。引线不能过紧过松。

3. 上网隔离开关检查项目

(1)组合隔离开关(与避雷器一体)结构内空气绝缘间隙。

(2)隔离开关操作正常。

(3)检查方法与标准:

如附图 1-1 所示,中间支柱绝缘子及引线在 AF 线开关(图中下方的开关)打开情况下,如果引线与触头的绝缘间隙偏小则要整改。

(4)整改方案:

①维持设计方案,现场确认开关引线在开关打开情况下最小绝缘间隙不小于 450 mm。

②调换 T 线开关两端连接位置,取消中间支持绝缘子。

4. 引线弛度检查方法与标准

(1)设计图要求:电连接线的拉力不得大于 500 N。弛度从原理上讲与引线长度有关,可有关系式 $F_x = gl2/8T$(F_x为弛度,g 为单位自重,T 为张力)求得。

(2)整改方案

对于弛度不合适情况,从根本上解决,重新制作引线。但对于不太确定情况,从时间上反复观察其变化,之后确定是否更换。

(3)对接地体距离不足的整改

上网引线在温度变化时距离接地体间距变小,有可能放电。

处理措施:把支持绝缘子上的铜母排加长 200 mm,且母排方向垂直线路进行整改。

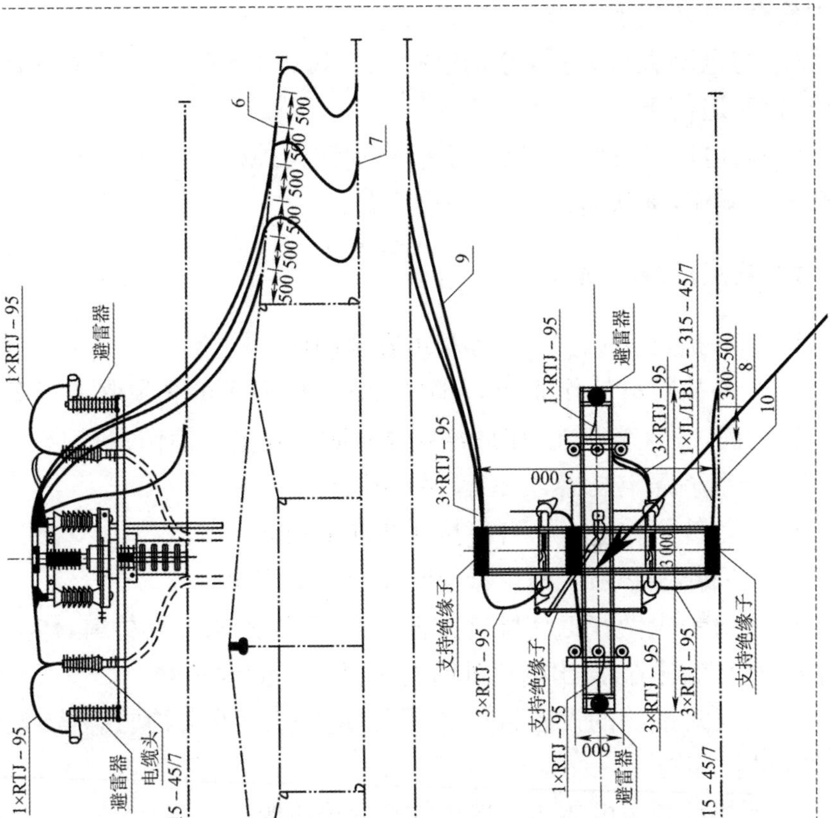
1×RTJ－95
避雷器
1×RTJ－95
避雷器
电缆头
正馈线1×JL/LB1A－315－45/7
承力索
接触线
操作机构支架
6
7
500
9
3×RTJ－95
3 000
支持绝缘子
1×RTJ－95
避雷器
300~500
8
10
1×JL/LB1A－315－45/7
600
正馈线1×JL/LB1A－315－45/7

附图　1-1

5. 隔离开关当地、远方操作及调试

(1)对机构箱、远动箱进行电源检查，确认正常；对端子排进行紧固检查，确认端子无松动。

(2)与电调进行联系，分别进行机构箱、远动箱空气开关断合操作，核对遥信正常。

(3)与电调进行联系，操作手柄分别调当地位(L)、远方(R)位进行分合操作，确认遥信正常、分合到位。

六、重点控制事项

1. 严格执行“两纪一化”等基本安全制度。

2. 严格执行群体作业、专人防护制度，作业人员必须服从行车防护员指挥，一旦来车能及时撤离线路，防止发生车辆伤害。

3. 严禁脚踩定位器、定位管、接触线。

4. 严禁使用作业车平台将接触线向上顶起。

5. 夜间作业必须严格执行夜间作业劳动安全规定。

6. 作业中应做好工具材料保管工作，不得抛掷工具材料，作业完毕必须工完料清，撤出栅栏外时对工具材料清点一遍。

7. 对发现缺陷的设备进行拍照并在更换后再次拍照确认，设备照片进行存档。

8. 严格控制带电体与接地体的空气绝缘距离。

9. 严格控制开关分合调试时接地线接地状态良好。

七、记录及表格

《隔离(负荷)开关检修记录》。

附录二　普速线路隔离开关检修作业指导书

一、范　　围

本作业指导书规定了隔离开关设备检修的作业程序、项目、内容和技术要求。

本作业指导书适用于长沙供电段普速线管内隔离开关设备检查作业。

二、引用规范性文件

1.《接触网运行检修规程》(铁运〔2007〕69 号)。

2.《接触网安全工作规程》(铁运〔2007〕69 号)。

三、作业目的

1. 发现并整改隔离开关设备各部件的缺陷,使其恢复标准技术状态;

2. 通过检查与调整,保证隔离开关设备处于良好的工作状态。

四、作业程序(附图 2-1)

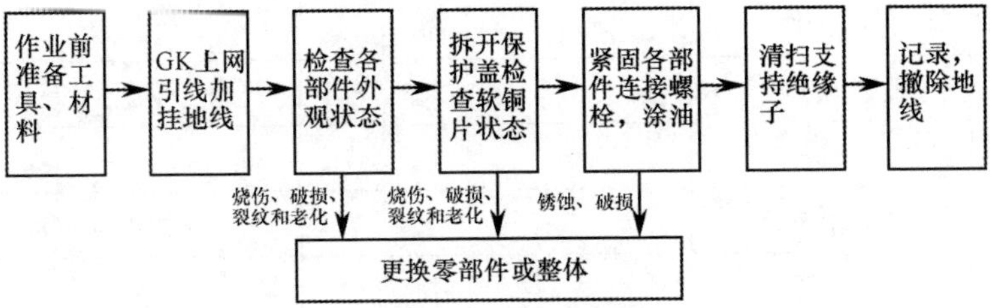

附图 2-1　作业程序

五、作业内容与要求

1. 作业前准备工作

(1)人员准备(附表 2-1)

附表 2-1　人员准备

序号	项　　目	单位	数量	备　　注
1	工作领导人	人	1	
2	驻站联络员	人		
3	作业人员	人	9	作业车高空人员 3 人,作业组监护人兼质检员
4	现场防护人员	人	2	
5	作业车司机	人	2	正、副司机各 1 人

(2)材料准备(附表 2-2)

附表 2-2　材料准备

序号	名　　称	规　　格	单位	数量	备　　注
1	润滑油		kg	适量	
2	软态不锈钢丝	ϕ4.0 mm	kg	适量	
3	酒精		kg	适量	或其他中性洗涤剂
4	抹布		kg	适量	
5	防锈漆		kg	适量	
6	纱布		m	0.5	
7	贴温片		张	1	
8	中性凡士林		kg	若干	
9	垫铁		kg	若干	
10	支柱绝缘子		套	1	依据现场实际
11	导电膏		瓶	1	

(3)工具准备(附表 2-3)

附表 2-3　工具准备

序号	名　称	规格或型号	单位	数量	备　注
1	接触网检修作业车		台	1	
2	兆欧表	2 500 V	台	1	
3	水平尺	600 mm	个	1	
4	钢卷尺	2 m	把	1	
5	钢卷尺	10 m	把	1	
6	安全带		条		现场作业每人一条
7	温度计		只	1	
8	大绳	ϕ18 mm	条	1	
9	小绳	ϕ12 mm	条	1	
10	塞尺	0.1～1 mm	套	1	
11	力矩扳手	0～100 N·m	套	1	
12	接地电阻测试仪		台	1	
13	作业凳	0.9 m高	个	1	
14	安全帽		顶		作业人员人均 1 顶
15	电工工具		套		作业人员人均 1 套
16	验电、接地、防护工具		套		按停电作业需要配置
17	开关短接封线		套	2	
18	砂纸		张	若干	
19	手锤	4 磅	把	1	
20	钢丝刷		套	1	

2. 测量检查项目

(1)用水平尺检查托架横、纵向是否水平。

(2)检查绝缘子表面是否脏污、有无裂纹;检查绝缘子表面有无放电痕迹、有无绝缘老化现象。

(3)接地线的状态:主要检查接地线与各部螺栓连接是否紧

密；检查接地线表面是否锈蚀及地线并沟线夹内是否有放电痕迹。

(4)开关开合情况：主要检查开关打开时分闸时刀闸角度、止钉间隙及检查开关合闸时，刀闸是否呈水平状态，两刀闸中心线是否相吻合。

(5)接地刀闸开合状态：主要检查接地刀闸开合是否到位及刀闸接触是否密贴。

(6)刀闸触头状态：检查刀闸触头表面有无锈蚀及弹簧片压力。

(7)操作机构状态：主要检查操作机构是否转动灵活；分合标识是否正确；传动杆连接是否牢固。

(8)开关引线状态；检查引线弛度是否过大或过小；用水平尺和钢卷尺检查引线与钢轨相交处与接触线的高度差 300 mm；用钢卷尺测量引线与接地体之间的最小绝缘距离是否小于 350 mm；引线与承力索和接触线连接处电连接线夹的状态。

(9)测试绝缘、接地电阻。

①测试绝缘电阻方法：先将引线拆除，用 2 500 V 兆欧表测量绝缘电阻值是否小于 10 000 MΩ 或与上次测量有无明显降低。具体操作见绝缘电阻测量操作手册。

②测试接地电阻方法：用接地电阻测试仪测量接地极接地电阻。具体操作见接地电阻测量操作手册。

(10)各部螺栓紧固力矩：按标准力矩进行紧固。

2. 设备检修标准

(1)用回路电阻测试仪测量隔离开关主回路电阻不应大于 150 μΩ。

(2)GW4 型隔离开关合闸时，闸刀要水平，两闸刀中心线吻合，分闸角度为 90°，允许误差＋1°，止钉间隙 1～3 mm。

(3)隔离开关闭合时，主刀闸接触应密贴，以 0.05 mm×10 mm

的塞尺检查:对于线接触的,应塞不进去;对于面接触的,其塞入深度在接触表面宽为 50 mm 及以下,不应超过 4 mm;在接触表面宽为 60 mm 及以上时,不应超过 6 mm。

(4)隔离开关手动、电动分合试验时,以合分到位正常为准,一年一次;真空灭弧室每操作 2 000 次检查一次,当进行到规定 1 万次合分时,应更换真空灭弧室及摩擦传动零件。

(5)刀闸触头应干净、平滑、接触表面涂有导电膏,所有接线端子及螺栓无松动。引线和连接线的截面与开关的额定电流所连接的接触网当量截面相适应,引线不得有接头。

(6)隔离开关操作机构应灵活,转动机构润滑良好,控制位置应加锁。操作时平稳正确,无卡阻和冲击。

(7)支持绝缘子应清洁(污垢或漆点面积不得超过 100 mm^2),无破损和放电痕迹、釉面剥落不得大于 300 mm^2。

(8)开关引线与隔离开关连接牢固、接触良好,距接地部分不得小于 400 mm,一次操作带接地刀闸的隔离开关,分、合闸过程中,带电体与接地体瞬间不小于 400 mm。

(9)对运行中的隔离开关,每年要用 2 500 V 的兆欧表测量一次绝缘电阻,并与上一次测量结果比较,绝缘电阻不应有显著降低,新安装的隔离开关,在投入运行前,要按规定进行交流耐压试验。

3. 隔离开关调整项目

(1)开关托架不水平时:

将水平尺放在托架上观察,同时调整斜撑角钢与水平角钢连接处的位置,直至托架水平,然后将螺栓紧固。

(2)绝缘子状态不良:

①按照绝缘子检修指导书要求对开关绝缘子进行检查,脏污时按要求进行清扫维护,损坏时,按要求进行更换。

②当开关绝缘子要求直立安装时，其倾斜度不得超过 2°，超过时松开绝缘子底座，添加适量垫片使其垂直。

(3)接地线状态不良时：

①接地线与螺栓连接处松动时，按标准紧固螺栓。

②接地线锈蚀时，用砂纸对其除锈，然后涂防腐漆。

(4)开关的分、合闸角度不合适时：

①分闸角度不合适时，将开关倒至分闸位置后，先调整交叉连杆的长度，直至分闸角度符合要求，最后调分闸止钉的间隙 1～3 mm。

②合闸不呈直线时，先将开关倒至合闸的位置，调交叉连杆，使刀片合闸呈直线。然后调合闸止钉间隙。

(5)接地刀闸开合状态超标：

①接地刀闸合后不到位或合后过头，可调整接地刀闸传动拐臂的角度及接地连杆的长度，使其接地符合要求。

②刀闸接触不密贴或过紧，可调整螺头弹簧片的压力。

(6)开关触头状态不良时：

①触头闭合时以 0.05 mm×10 mm 的塞尺检查，若其插入深度当接触面宽度为 50 mm 及以下时超过 4 mm(或接触面宽度为 60 mm 以上时超过 6 mm)，则调整刀闸的顶紧螺栓，增加弹簧片的接触压力，使两者密贴，但应保证其开合灵活。

②触头表面有锈蚀、烧损痕迹时，对其进行打磨，涂电力复合脂；出现焊着、烧损时进行更换；对触头表面有特殊镀层的按照产品说明书处理。

(7)操作机构状态不良时：

①操作机构转动时有卡滞或冲击现象时，对转动部分注入润滑油。

②手动操作机构分合闸与标识不一致时，调整标识，重新

安装。

③传动杆与操作机构连接松动时，按照标准紧固法兰盘连接螺栓。

④传动杆安装不垂直时，调整操作机构安装位置，直至其垂直。

(8)开关引线状态不良：

①开关引线弛度过小，根据安装曲线，将引线与承力索和接触线的连接点向靠近开关方向移动；开关引线弛度过大，根据安装曲线，将引线与承力索和接触线的连接点向远离开关方向移动。

②引线距接地体的距离小于350 mm时，将引线与承力索和接触线的连接点向远离开关方向移动，必要时增加绑扎点。

③引线与设备线夹连接螺栓松动时，按标准力矩对螺栓进行紧固。

④设备线夹有裂纹时更换。

⑤引线有烧伤、断股时，对其进行更换；散股时，进行绑扎处理。

⑥引线与承力索和接触线连接处的检修参照《电连接检修指导书》。

(9)绝缘、接地电阻不合格时：

①对开关绝缘子进行一次绝缘电阻测试，当其测量结果比上次测量结果显著下降时，对该绝缘子进行更换。

②若测量接地电阻超标，则应对该处添加降阻剂或增加接地极，增加接地极，方法见《接地极检修指导书》。

(10)按标准对各部位螺栓进行紧固，并检查防松措施。

(11)隔离开关整体更换：

①吊架安装

腕臂柱开关临时吊架安装在支柱田野侧；软横跨支柱临时吊

架安装方法：在开关支架上方 2 m 处安装一长约 2 m 的跳线槽钢，槽钢端部用 3 股 ϕ4.0 mm 软态不锈钢丝固定于支柱上。

②准备

a. 将单滑轮与大绳组成滑轮组挂在临时吊架上；

b. 将开关绑扎好连在单滑轮上；

c. 将开关瓷柱用草袋包扎好；

d. 在开关底座上绑一小绳做晃绳。

③拆除原有隔离开关

a. 杆上人员拆下开关与托架间的连接螺栓，然后一人扶稳吊架，地上人员慢慢起吊开关，同时一人拉住晃绳稳定开关（附图 2-2）。

b. 地上人员松大绳，慢慢放下开关。

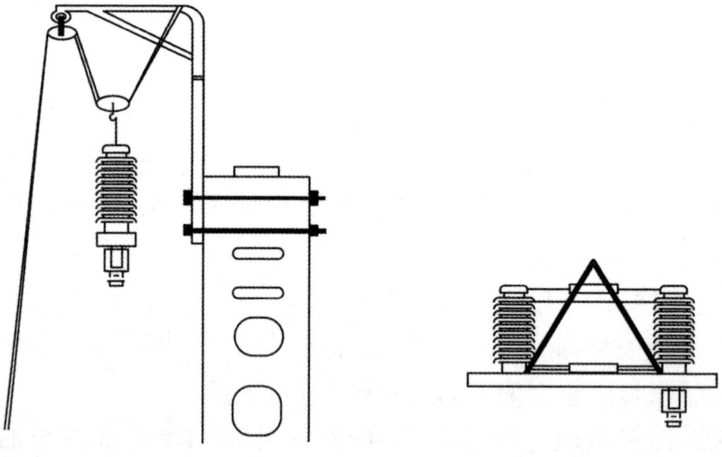

(a) 隔离开关吊装示意图　　(b) 隔离开关吊装绑扎示意图

附图　2-2

④吊装新开关

吊装过程同附图 2-2 中。

⑤安装开关

a. 转动开关使开关闸刀开合方向正确；

b. 慢慢松吊绳，同时杆上人员扶稳开关使开关底座螺栓孔对准托架上的安装孔，然后使开关落于托架上。

c. 穿入螺栓，使开关初步固定。

d. 调整开关瓷柱，达到竖直。

e. 转动部分、触头、设备端子涂抹相应润滑剂和电力复合脂。

⑥开关附件安装

a. 地面人员将操纵管竖起，操动管轴套筒套入轴内，对准顶丝位置，拧紧顶丝。

b. 在支柱上与手动操作机构水平位置处安装操作机构托架，固定手动操作机构。

⑦调试

电动隔离开关安装同上述步骤，在安装电动隔离开关操纵机构后，按照详细说明书进行手动和电动操作的配合调试。

4. 隔离开关检修主要技术标准

(1)隔离开关应动作可靠、转动灵活，合闸时触头接触良好，引线和连接线的截面与开关的额定电流及所连接的接触网当量截面相适应，引线不得有接头。

(2)支持绝缘子应清洁无破损和放电痕迹，瓷釉剥落面积不超过 300 mm^2。

(3)隔离开关的分闸角度及合闸状态应符合产品的技术要求。

(4)隔离开关的触头接触面应平整、光滑无损伤，并涂以电力复合脂。

(5)隔离开关操作机构应完好无损并加锁，转动部分注润滑油，操作时平稳正确无卡阻和冲击。

(6)引线及连接线应连接牢固接触良好，无破损和烧伤，引线距接地体的距离应不小于 350 mm，引线摆动到极限位置对接地体的距离符合规定。

引线的长度应能保证当接触悬挂受温度变化偏移时有一定的活动余量并不得侵入限界，引线在其垂直投影与线路钢轨交叉处，应高于工作支接触线 300 mm 以上。

(7)新安装的隔离开关在投入运营前应作交流耐压试验，运行中每年用 2 500 V 的兆欧表测量一次绝缘电阻值，与前一次测量结果相比不应有显著下降。

(8)隔离开关的技术状态应符合产品说明书的相关要求。

5. 隔离开关检修步骤(附图 2-3～附图 2-5)

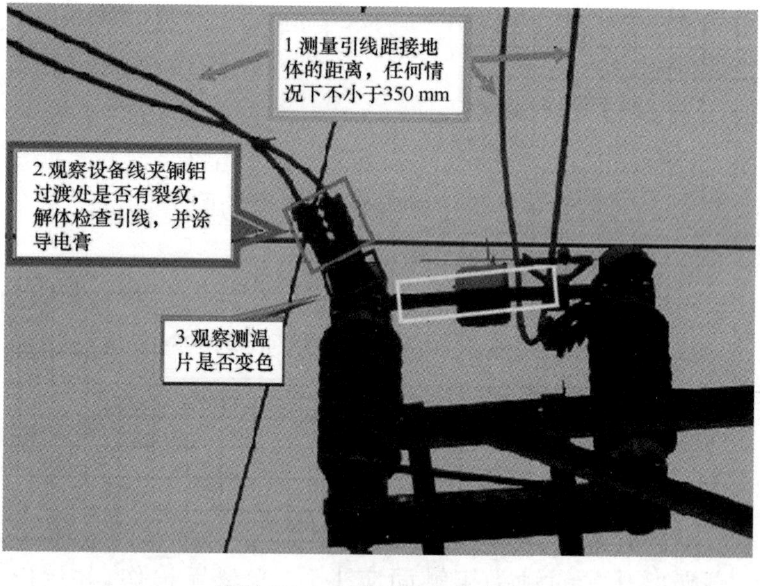

附图 2-3　隔离开关检修步骤 a

六、重点控制事项

1. 接触网作业人员进行隔离开关倒闸时，必须有供电调度的命令，倒闸作业人员安全等级不得低于三级。倒闸人员接到倒闸

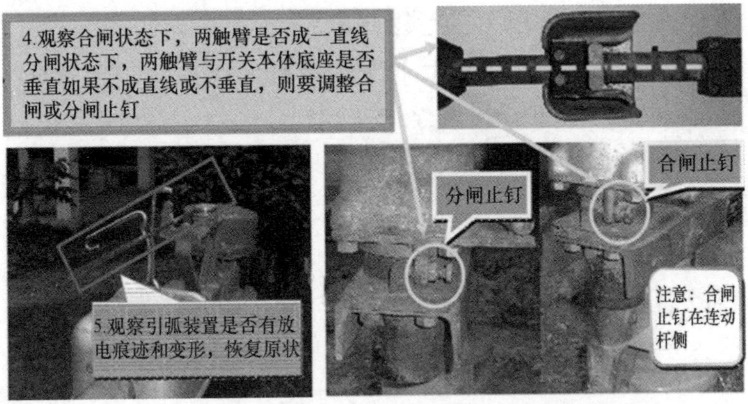

附图 2-4　隔离开关检修步骤 b

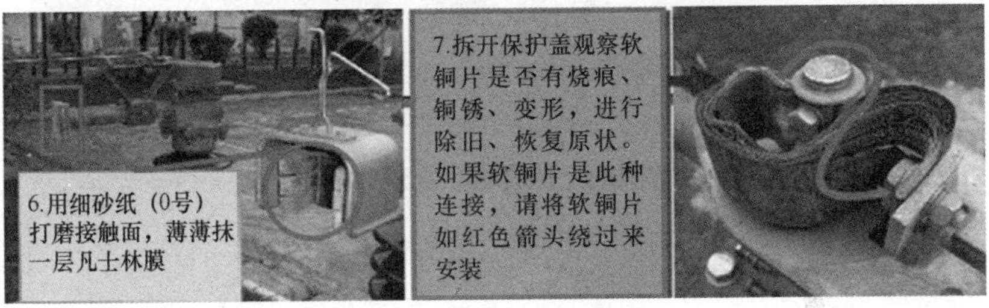

附图 2-5　隔离开关检修步骤 c

命令后，必须先确认开关位置和开合状态无误后，再迅速进行倒闸。倒闸时操作人必须戴好安全帽和绝缘手套，穿绝缘靴，操作准备迅速，一次开闭到位，中途不得停留和发生冲击。

2. 必须确认停电封锁，并已接挂地线后方可进行隔离开关的检修作业。

3. V 停作业时，若需要分闸检修，必须加挂短接线或在两头引线加挂地线。

4. 检修电动隔离开关前，首先断开操作机构的操作电源。

5. 所有隔离开关检修作业前必须装好短接线。

6. 带接地刀闸的开关在操作过程中，任何情况下，接地刀闸与带电体保持 350 mm 以上的绝缘距离。

7. 开关检修时,要做好上下配合,防止挤伤。

8. 各种高空作业做好安全防护措施。

9. 测量接地电阻时,要将地线断开,同时做好旁路措施。

七、记录及表格

《隔离(负荷)开关检修记录》。

附录三 《广铁集团普速线接触网安全工作实施细则(修订)》(广铁供电发〔2017〕105 号)

为规范接触网停电作业挂接地线方式，现强调《广铁集团普速线接触网安全工作实施细则(修订)》(广铁供电发〔2017〕105 号)文件中第九十三条至第一百零六条要求，其中第一百零二条“接地线位于腕臂柱处时，接地线上端挂在腕臂上；在站场软横跨定位处挂在定位器上；在上、下行分段绝缘器处挂在接触线上；地线必须保证可靠的安全限界，接地线下端用绑带固定，必要时应派人手持把牢接地线，严防风摆侵限。”明确了地线悬挂点，规范接触网停电作业挂接地线方式，具体要求如下。

第九十三条 作业组在接到停电作业命令后须先验电接地，然后方可进行作业。

第九十四条 使用验电器验电的有关规定：

1. 必须使用同等电压等级的验电器验电，验电器的电压等级为 25 kV。

2. 验电器具有自检和抗干扰功能，自检时具有声、光等信号显示。

3. 验电前自检良好后，现场检查确认声、光信号显示正常(有条件的，可在同等电压等级有电设备检查其性能)，然后再在停电设备上验电。

4. 在运输和使用过程中，应确保验电器状态良好。

第九十五条 接地线应使用截面积不小于 25 mm^2 的裸铜绞线制成并有透明护套保护。接地线不得有断股、散股和接头。

第九十六条 接地线应可靠接在同一侧钢轨上，且不应跨接在钢轨绝缘两侧、道岔尖轨处。必须跨接在钢轨绝缘两侧时，应封锁线路。地线穿越或跨越股道时，必须采取绝缘防护措施。

区间作业时：作业组两端地线必须挂在封锁线路范围以内。

站场作业时：沿线中间站内作业时，正、侧线均不得越过封锁的股道范围接挂地线；渡线加挂地线时，地线钩连接位置不得越过本线钢轨绝缘结，严防短接电务的轨道电路。

枢纽地区作业时：要针对每次的作业地点，选择好接地线位置，在可能来电的任何方向都必须接挂地线，原则上不得超过封锁范围接挂地线，因特殊原因需要越过封锁范围时，必须采取可靠的安全措施防止接好的地线侵入限界、干扰正常行车。

第九十七条 接挂地线时，必须坚持先验电、后接地。当验明确已停电后，须立即在作业地点的两端和与作业地点相连、可能来电的停电设备上装设接地线。如作业区段附近有其他带电设备时，按本细则第六十六条规定，并在需要停电的设备上也装设接地线。

在装设接地线时，先将接地线的一端接地；再将另一端与被停电的导体相连。拆除接地线时，其顺序相反。接地线要连接牢固，接触良好。

装设接地线时，人体不得触及接地线，接好的接地线不得侵入未封锁线路的限界。作业范围内加挂的接地线不得影响正常作业。装设或拆除接地线时，操作人要借助于绝缘杆进行。绝缘杆要保持清洁、干燥。

当作业内容不涉及架空地线、回流线、PW 线，及其他停电线路及设备时，对这些不涉及的线路和设备可不装设接地线，但要按照有电对待，保持规定的安全距离。

停电天窗时间内，使用接触网作业车或专用车辆进行接触网巡视或检测作业，可不装设接地线。未装设接地线时，禁止攀登平台、车顶和支柱。

第九十八条　验电和装设、拆除接地线必须由两人进行，一人操作，一人监护。操作人员必须戴绝缘手套、穿绝缘鞋。

第九十九条　为确保供电作业人员的人身安全，在地线操作过程中利用视频装置拍照摄像。

1. 当现场具备 4G(3G)信号时，拍照确认有关要求。

(1)立即开启视频，对地线接挂支柱杆号进行拍照，并将照片上传至段调度室。

(2)供电段调度室值班人员要认真核对拍摄杆号与工作票规定的杆号是否一致。

(3)供电段调度室值班人员确认无误后，要将核对情况立即通知地线操作人员，同时地线操作人员及时将与段调度室值班人员杆号核对情况向工作领导人报告。

(4)地线操作人员在合适位置牢固安装好视频装置，根据段调度值班员的要求调整好角度，确保整个地线操作过程处于视频监控范围。

(5)地线接挂作业完成后，地线操作人员须选择合适角度再次拍摄地线静态整体照片上传至段调度室。

2. 当现场不具备 4G(3G)信号时，语音通话确认有关要求。

(1)立即开启视频设备，同时利用通信设备接通供电段调度室具备录音功能的专用电话，向供电段调度值班人员报告准备接挂地线的线别、杆号，并利用视频设备对地线接挂支柱杆号进行拍照留存。

(2)供电段调度室值班人员要认真核对所报杆号与工作票规

定的杆号是否一致。

(3)供电段调度室值班人员确认无误后，要将核对情况立即通知地线操作人员，同时地线操作人员及时将与供电段调度室值班人员杆号核对情况向工作领导人报告。

(4)地线操作人员在合适位置牢固安装好视频装置，自行调整好角度，确保整个地线操作过程处于视频监控范围。

(5)地线接挂作业完成后，地线操作人员须选择合适角度再次拍摄地线静态整体照片留存。

第一百条 接地线位置应处在停电范围之内，作业地点范围之外。在停电作业的接触网附近有平行带电的高压电力线路或接触网时，为防止感应电压，除按规定装设接地线外，还应增设接地线。

第一百零一条 线路封锁前严禁上线装设接地线。与钢轨连接处必须先用钢丝刷除锈，再牢固紧密连接。

第一百零二条 接地线位于腕臂柱处时，接地线上端挂在腕臂上；在站场软横跨定位处挂在定位器上；在上、下行分段绝缘器处挂在接触线上；地线必须保证可靠的安全限界，接地线下端用绑带固定，必要时应派人手持把牢接地线，严防风摆侵限。

第一百零三条 供电线和回流线单独停电检修时，应按规定两端接地线。

1. 检修供电线时，除变电所、开闭所、分区亭的相应开关断开接地外，作业组还要在作业区段两端挂接地线。

2. 检修回流线时，在接触网线路停电封锁情况下，地线接于作业区两端钢轨上。

第一百零四条 任何操作不得造成不同电位和开口作业，有中性区时，除在作业区两端装设接地线外，还应在中性区上增设地线，并将断口进行可靠等位短接。

1. 检修绝缘锚段关节(含分相关节)内设备时,为防止误将两组地线接于同一个锚支上,禁止在转换柱和中心柱上接地线,应在锚段关节两端(不在锚段关节内)的锚柱上接地线,还应保持绝缘锚段关节的隔离开关(负荷开关)处于合闸位置,作业时不得操作开关(若需要检修该台开关时应按规定短接)。

2. 单独检修接触网单极隔离开关时,两接地线分别接于两条引线的承力索端。也可以在来电侧挂地线、然后用 6～8 mm^2 软铜线将开关两极(刀闸)短接,但软铜线长度要有足够余度,能使开关开合自如。

第一百零五条　V形停电作业使用作业车、车梯、人工登杆作业时,必须设置等电位短接线,等电位短接线未连接前作业人员(含机具)不得触及接触网设备。

第一百零六条　当停电作业命令下达后,接触网现场验电有电时,地线监护人必须立即向工作领导人汇报,工作领导人应立即向电调反馈,电调必须与相关变电所、亭联系,了解变电所(亭)及上下行联络开关、供电线上网开关等相应开关状态及接地情况,共同判明是馈线未停电或是感应电造成,禁止臆测接挂地线。若经核实变电所(分区所、开闭所)相关馈线已停电、分区亭(所)已经解环且相关的开关位置状态正确后,接触网可以进行验电接地操作。

附录四　附加要求

1. 各机务段、动车段、车务段（车站）、货运中心在机车（动车组）整备线、货物线、装卸线等进行挂接地线时，地线要挂接在接触网腕臂上（腕臂柱处）或定位器上（软横跨处），不得挂在接触线或承力索上。

2. 各机务段、动车段、车务段、货运中心必须保证接触网接地线的连接状态良好，对接地绝缘杆要按《接触网安全工作规程》规定周期和标准进行电气试验。

对机务整备场、动车段（所）、货物线、专用线等接触网挂接地线的位置不具备挂接腕臂、定位器的条件，作如下规定：

1. 所有不具备挂接腕臂、定位器条件的处所均要安装接地辅助线。安装方法：在接地线挂接位置处的接触线上加装两个接触线接头线夹，线夹间距为 500 mm，两接头线夹安装同一条平衡线上，平衡线作为接地辅助线使用；两接触线接头线夹处应安装吊弦来调整接触线高度，接头线夹安装后必须垂直电力机车受电弓接触面，不得形成硬点和打弓；

接触网停电作业时，接地线的挂钩要挂接在接头线夹的平衡线上（附图 4-1～附图 4-3）。

2. 接地线与接触线连接的接地钩要采用小钩（适用于接触线），禁止采用大钩（适用于腕臂）。

附图 4-1　腕臂柱处挂接地线示意图

附图 4-2　软横跨处挂接地线示意图

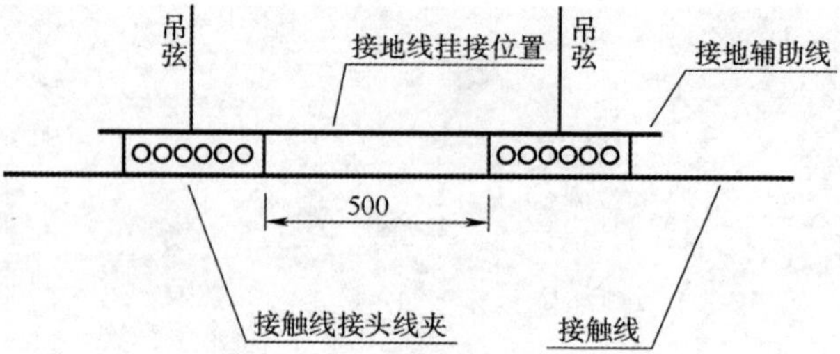

附图 4-3　接地辅助线安装示意图